Конец света, моя любовь

•●•

Новое
Литературное
Обозрение

Алла Горбунова

КОНЕЦ СВЕТА, МОЯ ЛЮБОВЬ

Рассказы

НОВОЕ ЛИТЕРАТУРНОЕ ОБОЗРЕНИЕ
МОСКВА 2024

УДК 821.161.1.09
ББК 83.3(2Рос=Рус)6
Г67

Редактор серии

Д. Ларионов

Горбунова, А.

Г67 Конец света, моя любовь: Рассказы / Алла Горбунова; предисл. Д. Данилова. — 3-е изд. — М.: Новое литературное обозрение, 2024. — 320 с.

ISBN 978-5-4448-2224-1

Никогда еще двухтысячные годы не были описаны с такой достоверностью, как в новой книге Аллы Горбуновой. Дети, студенты, нищие, молодые поэты — ее герои и героини — проживают жизнь интенсивно, балансируя между тоской и эйфорией, святостью и падением, пускаясь из огня семейного безумия в полымя рискованной неформальной жизни Санкт-Петербурга. Но рассказы Горбуновой далеки от бытописательства: она смотрит на хрупкую и опасную реальность с бескомпромиссной нежностью, различая в ней опыт, который способен преобразить ее героев. Алла Горбунова — поэт, прозаик, критик, лауреат премии «Дебют» (2005) и Премии Андрея Белого (2019).

УДК 821.161.1.09
ББК 83.3(2Рос=Рус)6

Доброжелательный ангел

При чтении книги Аллы Горбуновой «Конец света, моя любовь» довольно быстро возникает ощущение, что эту книгу написал не человек. Нет, не нужно считать меня сумасшедшим, я прекрасно понимаю, что книгу написала вполне реальная Алла Горбунова, тем более что я ее давно знаю лично. Но ощущение нечеловечности, нечеловеческого происхождения этого текста не покидает. И поневоле начинаешь думать: кто бы мог написать эту книгу? Я думал, думал и в какой-то момент понял: этот текст мог бы написать доброжелательный ангел. Да, именно доброжелательный. Как известно, ангелы бывают разными, не только доброжелательными, но и, например, грозными (достаточно вспомнить слова из православного Покаянного канона: «ангели бо грознии по́ймут тя»). А эта книга (вернее, некоторые ее части) словно бы написана доброжелательным ангелом.

Попробую пояснить это сложное ощущение. В книге описываются довольно страшные или очень страшные вещи. Насилие, жизнь городского и пригородного дна, смерть в самом ее неприглядном виде (бывает ли приглядный? наверное, бывает), беспорядочное употребление разных диких веществ, стремительные нравственные и социальные падения, психические надломы, проблемная до катастрофы юность. Но все эти вещи описываются с какой-то удивительной, беспрецедентной интонацией. Нет, это не о(т)странение, не попытки изобразить равнодушие (этого вообще даже близко нет), не циничное уравнивание всего и вся, не попытки заслониться смехом от ужаса жизни. Это что-то совершенно другое. Я бы назвал это спокойным участливым приятием. Да, было и случилось это и вот это. Да, это ужасно. Да, это не имеет никакого объяснения и оправдания. Да, эти люди не хорошие и не плохие, а скорее все-таки хорошие, каждый как-то по-своему. Да, это вот такой причудливый, страшный и прекрасный мир. И пусть было так, ну что же делать. Так было, и ничего в этом не изменить. Ровный, спокойный, но не безразличный голос, ровно и светло описывающий собственные страдания и страдания любимых людей. Да, так было, так есть и так, наверное, будет. Аминь.

Надо сказать, сочетание вот этой небесно-легкой интонации и описываемых реалий производит совершенно душераздирающее впечатление. Это очень тяжело, и одновременно очень отрадно читать. Здесь очень много такого, от чего, извините за пафос, немного теряешь веру в человечество, и очень много любви — такой, знаете, спокойной, тихой, ангельской. И совершенно не хочется додумывать и тем более выяснять, были ли все эти обстоятельства в реальной жизни автора, или не были. Может, и были. Или нет. Какая разница.

До дрожи, до мысленных судорог потрясла маленькая зеленая балеринка, танцующая на одной ноге, как личный символ безумия. И еще надо сказать вот о чем. «Он лежал рядом с лотками в отключке, в мокрых от мочи штанах, а я смотрела на него и понимала, что он не похож ни на кого из тех, кого я знала до сих пор… Мальчишки называли Вилли бомжом и смеялись нам вслед, когда он, в обмоченных штанах, и я, вызывающе накрашенная, на каблуках, шли по поселку рука об руку» — обратите внимание на этот фрагмент, в самом начале книги. Я не могу припомнить более пронзительных слов о любви.

Дмитрий Данилов

I. ПРОТИВ ЗАКОНА

Конец света, моя любовь

В детстве я больше всего боялась конца света. Вообще боялась перемен. Мне интуитивно казалось, что перемены могут быть преимущественно к худшему, а к лучшему — вряд ли. Меня окружали хорошие объекты, и мне было хорошо среди них. Утром солнце проникало в окна спальни, выходящие на восток, и подсвечивало оранжевые шторы. Это было хорошее солнце и хорошие шторы. Хороший дедушка показывал мне хорошие звезды в вечернем небе, а весной — как распускаются листья, как вы догадываетесь, тоже хорошие. Летом на даче я просыпалась в полной радостного ожидания беззаботности, когда ко мне с неизбывной колодой карт в кармане приходила подружка Надька. Уже тогда было понятно, что лучше никогда не вырастать. «Когда-нибудь ты поймешь, что счастье — это ожидание», — как-то сказал мой отец.

Кто-то из знакомых взрослых сказал, что у детей бывает такой комплекс, который заключается в страхе перемен и желании, чтобы все оставалось как есть.

У меня этот комплекс точно был. А конец света был воплощением самой страшной перемены. Кроме того, были ужасные факты космического характера. Дедушка рассказал мне, что такое энтропия, и я поняла, что хаос неконтролируемо возрастает и Вселенная идет к своей смерти. А в школе нам показали фильм, в котором рассказывалось про грядущую смерть Солнца. Показывали смоделированные кадры, как оно сначала станет огромным и красным, потом части его станут падать на Землю, и она будет гореть огнем, а потом Солнце умрет совсем. После того, как фильм закончился, я для верности подошла к учительнице и спросила: «Любовь Михайловна, а когда Солнце умрет?» Любовь Михайловна, кажется, не знала и спросила у другой учительницы, которая сказала, что еще очень нескоро, через миллионы лет, и мне стало немного спокойнее от этой временной отсрочки.

Была у меня и еще одна временная отсрочка, правда, не такая долгая. Еще в самом раннем детстве я услышала о предсказании Нострадамуса, согласно которому конец света должен наступить в 1999 году от звезды Немезиды, что означает месть, называли точную дату — 11 августа. И я считала годы: в девяностом году я говорила себе: «Это еще не скоро, целых девять лет», в девяносто втором: «Еще целых семь лет», и т.д. Как-то, в очередной раз кем-то напуганная, я спросила у дедушки, что он думает по поводу предсказания Нострадамуса, и он ответил, что все будет, как Господу Богу угодно.

Еще одним вариантом конца света было второе пришествие. В самом раннем детстве я спросила маму, есть ли Бог, и мама ответила, что нет. Потом прошло еще немного времени, и я снова спросила маму, есть ли Бог, и мама ответила, что да, потому что за это время она уверовала. Во время перестройки появилось много ранее отсутствовавшей на прилавках литературы, мама стала читать разную эзотерику и в результате всего этого чтения пришла к выводу, что Бог все-таки есть. Ну есть — значит, есть. Тогда я тоже уверовала. Однажды мы с мамой гуляли по проспекту, в сторону запада, около районной библиотеки, и садилось солнце, все небо было залито сияющим пунцово-золотым светом, и мама сказала: «Кажется, как будто сейчас, в этих облаках, явится Христос во славе». В общем, все шло к тому, что конец света будет вот-вот. Он назревал буквально со всех сторон.

Летом на даче Санек стал обучать меня и моих подружек магии. У нас с Саньком была любовь. Он сказал, что конец света будет в следующем, двухтысячном году, и будет последняя война. На эту войну мы собирались все вместе: мы с Саньком, Юрик, Надя и Нюта. Позже я узна́ю, что русские люди чаяли конец света и последнюю войну не одну сотню лет — в самых разных, диких и стремных сектантских чаяниях. Было это и у нас, детей девяностых. Эта война, на которую мы собирались, почему-то была войной в Афгане, которая на самом деле не кончилась. И одновременно это должна была быть война, знаменующая начало нового мира, в котором Земля сольется с другой планетой, своим магическим двойником, на котором живут драконы, эльфы и гномы. И одновременно это должна была быть последняя битва Армагеддона. Все мы готовились уйти на эту войну по-настоящему и умереть на ней, Саня уже заказал для нашей группы специальную милитари-форму. Саня вообще очень хотел в армию, но его не взяли, потому что он стал рассказывать комиссии про свои занятия магией, ему не поверили и сказали «сделай что-нибудь», он сделал, что у одной из женщин в комиссии заболела голова, но ему все равно не поверили и поставили диагноз «шизофрения». Бабушка с дедушкой не знали, что я уйду на войну и умру, я не могла им про это сказать, но мне было их очень жаль, и было жаль все хорошие, родные и любимые вещи. Я стала смотреть на них как на уже навеки утраченные: вот он, мой хороший умывальник, мои хорошие кусты спиреи, мой хороший дедушка, который смотрит телевизор, и мой хороший кот, который вышел поваляться на солнце. Каждый прожитый день стал для меня последним днем дома перед войной.

Мне было тринадцать, и это было хорошее лето. Мы с Саней гуляли в лесу и один раз случайно сели на муравейник, катались на его стареньком мотоцикле, и я сожгла платформы своих ботинок, поставив ноги на трубы, сидели вечером в корнях огромного древнего дуба и пили вино «Черный монах», Саня приезжал ко мне после работы (летом он работал в поселке водопроводчиком), и прятался у меня за печкой от разыскивавших его приятелей Гапона и Мастера, про которых ходила шутка, что они перепили тормозной жидкости, и, ревнуя меня, ездил со мной в гости к долговязому Андрею. Это было прекрасное лето в ожидании войны и конца света.

Потом я уехала в город, в школу, в восьмой класс, а Саня обещал приехать через месяц и позвонить, но время шло — и он не появлялся, и уже в конце октября выяснилось, что он давно уже в городе, меня, оказывается, бросил и встречался с Нютой, но Нюту он уже тоже наполовину бросил, и теперь он вместе с Натой, школьной подругой Нади. Таков был конец моей первой любви и странной незабываемой сказки, и еще — конец детства и конец света.

Я стала много гулять одна, прогуливала школу, писала стихи, и меня очень удивляло, что все в мире идет по-прежнему. До самой весны я ждала, что начнется война. Я начала встречаться с Юриком, который официально был парнем Нади, чтобы быть в компании — чтобы меня тоже взяли на войну. Юрик рассказал мне, что все мы в прошлой жизни воевали в Афгане и там погибли: я была военной летчицей и разбилась на самолете, Надька была сестрой милосердия, Нюта — снайпером, и в живых не остался никто. Мой привычный, детский мир продолжал таять: я смотрела на маленькую кухоньку с красно-синим линолеумом, сидя в которой я разговаривала по телефону с Юриком, и на расписных петухов на деревянных досках, и на старую электроплиту «Лысьва», и думала о бабушке с дедушкой, которые, сидя в соседней комнате, переживали из-за этих Юриных звонков, и думала о всей своей умирающей на глазах прошлой жизни, и как мы с мамой ездили в Сочи, когда мне было десять лет, и как у меня когда-то жила гусеница, которую я кормила лепестками шиповника. Все вещи вокруг были чудовищно беззащитны, они таяли и взывали ко мне, но я должна была принять, что убью их своим уходом на войну, уже убила, потому что приняла решение. Это было страшное отчаяние, потому что решение было настоящим, и в этом было предельное напряжение души. Той осенью и зимой я со всем прощалась. Я бродила у замерзших рек, черных деревьев, ездила без цели на метро, побывала на вокзале, с которого мы обычно уезжали на дачу, и гуляла по платформам, несколько раз приезжала в район высотных домов около залива, где я прожила первые три года своей жизни, с тем чтобы сброситься с крыши одного из этих домов, но либо ход на крышу был закрыт, либо не удавалось даже проникнуть в парадную, либо мне переставало этого хотеться. По ночам я слушала в наушниках радио, рок-музыку и писала стихи; что-то новое вылуплялось внутри, раздирая сердце, и никак не могло вылупиться так, чтобы уже совсем. В индустриальных районах среди бетонных заборов я гуляла впотьмах и надеялась, что меня изнасилует и зарежет какой-нибудь пьяница. Тогда же я стала выпивать по бутылке-другой «Балтики 9» в день.

Наступила весна, и никто не пошел на войну, сказали, что она перенеслась, что ли, или что-то еще. Потом Надя рассталась с Юриком, Саня расстался с Натой, постепенно все перестали общаться, Ната, которую я успела пару раз увидеть, стала работать торговкой на рынке и жить со своими чередующимися парнями, Надя после девятого класса пошла учиться на модельера-конструктора, работала в фотоателье, потом бухгалтером, крестилась, долго жила с гражданским мужем, потом вышла замуж за другого парня и родила сына,

Нюта вначале брилась налысо, бросила медучилище, тусовалась в разных местах города и разных компаниях, ездила автостопом по стране и умудрилась заработать диагноз «синдром бродяжничества», но рано, лет в восемнадцать, вышла замуж, родила ребенка, потом развелась и работает хирургической медсестрой, Юрик несколько раз разводился, бросил пить по здоровью и работает сборщиком мебели, Санек тоже женился и разводился, тоже где-то работает, да и бог с ним со всем, но я до сих пор помню, как мы лежали в сосновом бору, взявшись за руки, и нас связывало столь многое, что и сейчас для меня это все еще относится к тому, о чем невозможно говорить. Ведь все мы, а было нам от тринадцати до девятнадцати лет, умерли на той войне, которая так и не наступила.

Я перестала бояться конца света. Я его полюбила. Я узнала его повадки: когда он приходит — он очень быстро проходит мимо, а тебе только и остается, как что-то бессвязное кричать ему вслед, а когда его нет — одни его боятся, другие чают и думают, что, когда он придет — смогут удержаться в нем вечно, а потом обнаруживают себя с бутылкой пива перед телевизором. Он наступает и не наступает одновременно. И с удивлением видишь, как целому миру приходит крах, но при этом — самое страшное: все остается попрежнему. Те же деревья, улицы, дома, люди. И детский ужас, что настанет конец света, — всего лишь шутка, когда понимаешь, что конца света уже не будет никогда, и никто не отомкнет хрустальный ларчик мира в его невыносимой вечности. Всю свою маленькую жизнь я пыталась защитить мир, спасти его, не дать ему раствориться, как облаку и морской пене, но мир обманул меня и оказался твердым, совсем твердым.

Когда-то мой отец сказал: «Счастье — это ожидание». На что я добавлю: счастье — это ожидание конца света. Теперь я знаю, что конец света — это предел и размыкание, исполнение и чудо, и задача его, как задача любого предела, одновременно быть и не быть, случиться, чтобы ты отдал себя ему и погиб, и не наступить никогда, и любого иного было бы слишком мало. Он не вовне, но в самой сердцевине опыта мира, и «Апокалипсис» только одно из имен его, ведь он такой же конец света, как и его начало. Я хочу жить в его сердце. Я продолжаю учиться любить его. Узнавать его под разными, новыми именами и с новыми людьми, не опаздывать к нему, упорным трудом расширять его на пространство жизни. И как бы ни давила твердость мира, и как бы по-разному мы, юные маги того лета, ни умирали, нам, по крайней мере мне, теперь всегда как будто чуть-чуть скучно в мире, потому что с тех пор, как прекратились потопы, пришла скука, и «Королева, Колдунья, которая раздувает горящие угли в сосуде из глины, никогда не захочет нам рассказать, что знает она и что нам неизвестно».

Рынок

Лето после восьмого класса я провела, бухая на лотках на рынке. Каждый раз, когда я, спустя годы, захожу на наш сельский рынок и покупаю фрукты и овощи в ларьках, мясо и ягоды на лотках, я понимаю, что нахожусь в одном из мест на свете, где я была когда-то абсолютно счастлива. Особенно остро я это чувствую, если мне доводится идти вечером мимо уже не работающего рынка, и я слышу голоса молодежи, смех, матерщину, пение под гитару, рев мотоциклов и мопедов, выезжающих из ворот рынка, и знаю, что на этих мотоциклах и мопедах катаются молодые парни и катают своих девушек, что они выпивают и целуются, сидя на лотках, играют в карты и, должно быть, сами не осознают, как они счастливы.

В мое время, так же, как и сейчас, подростки тусовались по вечерам на рынке. Это удобное место, в самом центре поселка. Только раньше лотки были расположены по-другому, на них расплескивались молоко и пиво, капала свиная кровь. Огромные свиные зажмуренные головы лежали на прилавках, а в центре рынка, между расположенными по периметру рядами лотков, стоял ангар, где продавались хозтовары. В нем жили летучие мыши. Потом ангар сгорел — говорили, что его подожгла местная мафия. Сразу за рынком был желтый деревянный дом правления, он тоже сгорел, вероятно, по той же самой причине. Рядом с ними останавливалась по утрам молочная бочка, приезжавшая из ближайшего поселка городского типа. На площади по сей день стоит центральный магазин, а за забором находится место, где продают газовые баллоны. На сосну прибита ржавая табличка с надписью «Посторонним вход запрещен», а когда ворота открыты, можно увидеть площадку, гравий, старый трактор и несколько припаркованных грузовиков, ангар, ржавые баки, какую-то непонятно для чего оставленную огромную катушку, дощатые постройки, гаражи, кучу бревен. У главного входа на рынок — несколько ларьков. В то время я знала всех, кто в них работал: пожилую синеглазую тетю Любу, двадцатисемилетнюю миловидную Наташу, жизнерадостную смуглую Алию.

Дочь тети Любы три раза насиловали, а потом она вышла замуж за богатого. Он давал ей много карманных денег, она села на иглу и стала их все тратить на наркотики, а потом умерла. У Наташи тоже была дочка, маленькая девочка, и Наташа сама шила ей красивые платья. Еще у нее был муж и любовник. Мужа мы никогда не видели, а любовником был местный мужик, Иван. Он был контужен на войне и, когда выпивал, иногда в голове у него что-то перемыкало и он становился сам не свой, кидался на людей и мог убить.

Днем Иван все время был на рынке по каким-то неизвестным нам делам, а по вечерам крутил с Наташей. Ее муж по вечерам выслеживал в кустах у рынка Наташу с Иваном, один раз выскочил и устроил драку, а дома избил Наташу, и она после ходила на работу с фингалом. Алия была молодая, веселая, строила глазки парням и хихикала с нами.

Рынок жил своей жизнью, недоступной глазам случайных посетителей. По утрам в выходные дни лотки были заняты бесконечными творогами и сметанами, шмотками и висюльками, а во второй половине лета — грибами и ягодами, собранными старушками в лесу. Начиная с середины дня, ларьки пустели; до вечера оставались только Борода и тетя Паня, продавщица всяких мелких товаров: сухариков, шоколадок, жевательных резинок. С рынка она уходила вечером, волоча тележку, в своих неизменных рейтузах. Иногда к ней приходила и сидела с ней ее старуха-мать. Борода был странным, мутным мужиком, ничего о себе не рассказывал и только намекал, что он какой-то важный мафиози на пенсии, все здесь решает и знает каких-то очень серьезных людей, воров в законе. Он постоянно говорил о своем сексе с малолетними проститутками, которых очень любил, и порывался организовать бизнес — продавать местных малолеток для сексуальных услуг, в первую очередь имея в виду нас с подругой и неоднократно нам это предлагая. На рынке он продавал, а кому и наливал просто так, бодяжную водку. У него был сын, парнишка лет одиннадцати-двенадцати. Когда он подрос, через несколько лет Борода рассказывал мне, что теперь они ходят к проституткам вместе.

Местные шлюхи тоже иногда показывались на рынке; это были некрасивые пьющие девушки, нищие и несчастные, заразные и беззубые. Иногда с ними трахались местные полубичующие мужики, которые постоянно ошивались на рынке в поисках рабочей халтуры и выпивки. Обычно они стояли рядом с точкой Бороды, и он наливал им свою бодягу. Среди них был Букаха, длинный и худой, как жердь, одетый в обноски, с земляным цветом кожи. Длинные серые волосы клочьями свисали по краям его вечно пьяного лица, а в середине головы была лысина. Напившись, он любил говорить что-то похабное нам с подругой. Учкудук, старик с монголоидной внешностью, слыл спившимся профессором. Он был безобиден: заваливался, пьяный, где-то у забора и улыбался, что-то бормоча себе под нос. Дедушка Ау появлялся реже; он был похож на алкоголика-лешего, в облаке бороды и косматых седых волос, с пронзительными ясными глазами. Еще иногда показывался Рикша, который всегда ездил на своей «копейке». Сварливый, со склочным характером, он то грязно приставал к нам, то оскорблял, называя «шлюхами». Больше всех, по-морскому, матерился Иван Севастопольский, бывший моряк. Он служил под Севастополем и потому получил такое прозвище. Лицо у него было обветренное и бравое, а глаза, когда он выпивал, из серых становились водянисто-голубыми. Иногда на рынок заходил высокий толстый полулысый мужчина, говорили, что он еврей, который когда-то был большим ученым, и относились к нему со смесью насмешливой жалости и сочувственного уважения. Приходя на рынок, он неизменно снимал штаны и показывал задницу. Он не мог иначе, потому как давно сошел с ума. Иногда его специально подначивали: «Покажи задницу», он показывал, и тогда над ним смеялись и прогоняли его, а потом говорили: «Большой был человек».

Должно быть, самое странное, что в такой компании тусовались и мы с подругой. Мне было четырнадцать, ей пятнадцать. Утром мы уходили из дома и отправлялись на рынок, где проводили целые дни. Борода бесплатно угощал нас бодяжной водкой, мы сидели на лотках, играли в карты и общались с мужиками. Я была хрупкая и тоненькая, а подруга в меру пышная и полногрудая, и мужики неизменно высказывались, кто из нас им больше нравится: более утонченные натуры предпочитали меня, а другие, например, Рикша, говорили про меня, что «даже пощупать не за что», и явно отдавали предпочтение подруге. Мы все про всех знали: кто где халтурит, у кого сломался карбюратор, кому изменяет жена, кто вчера нажрался и как себя вел. Мы тоже были почти все время пьяные или слегка подшофе, и я регулярно валялась в местных канавах. Мы до вульгарности ярко красились и вызывающе одевались. «Нормальная» молодежь сторонилась нас, многие думали, что мы шлюхи, один парень лет двадцати как-то подошел ко мне и спросил: «А правда, что ты нимфоманка?» В действительности я была девственницей и трудным подростком, девочкой со взглядом откровенней, чем сталь клинка; меня воспитывали бабушка с дедушкой, бабушка была очень строгая и до последнего держала меня под жестким колпаком. Система запретов в моей семье доходила до абсурда: мне долго не разрешали летом гулять по вечерам, а когда разрешили — срок моего вечернего гуляния сокращали по мере все более раннего срока захода солнца, а в городе не разрешали гулять позже четырех дня и не выпускали из дому больше, чем на час, и, если я шла по проспекту, бабушка, стоя на табуретке, следила за мной из окна кухни, но так же она следила и за моей сорокалетней матерью и моим тридцатилетним дядей. Меня постоянно пугали маньяками, незнакомцами в машинах, которые затаскивают туда девочек, не разрешали одной заходить в парадную; мне тыкали в нос золотыми и серебряными медалями предков, красными дипломами и учеными степенями. Предполагалось, что есть некий «путь» человека: школа, институт, возможно, аспирантура, обзаведение семьей, рождение ребенка, работа в коллективе, на которую нужно ходить каждый день, кроме выходных и отпуска и, наконец, пенсия, ну а там и помирать пора. Я не хотела так жить. Все меня любили и хотели, как лучше, да вот беда — я и впрямь была какая-то не такая. И тогда, летом двухтысячного года, проявлением моего бунта была вся эта история с рынком. В конце концов, мы с подругой так познавали мир. Поэтически познавали. И рынок был похож на прекрасную балладу, тончайшую и жесточайшую поэзию особого мира «сильных связей», где действуют пьяницы, бандиты, шлюхи — и во всем этом для меня была какая-то полная очарования «настоящая», оголенная жизнь.

Я была влюблена тогда в алкоголика и бомжа, взрослого двадцативосьмилетнего мужчину, ровно в два раза меня старше. Меня привлекало чувство дикой, необузданной свободы, которое я испытывала, когда была рядом с ним. Я хотела спасти его. У него была широкая и счастливая улыбка, и, может быть, благодаря ей он был чем-то похож на американца; он носил длинные волосы, и на плече у него была грубо набитая татуировка с волком. Мы называли его Вилли. Вилли жил в контейнере на помойке, у него было восемь классов образования. Жилье в городе он потерял в каких-то махинациях девяностых; его мать и дядя жили в сельском доме с многоярусным садом, но его оттуда выгнали — он не поладил с дядей из-за своего пьянства: дядя презирал его как лентяя и иждивенца. Он работал с пятнадцати лет и сменил десятки профессий, как герои американской литературы определенного типа: был и слесарем, и токарем-инструментальщиком, и курьером, и водителем, и торговцем рыбой, и бутлегером — подпольным торговцем водкой во времена антиалкогольной кампании при Горбачеве, и успешным распространителем косметики, и даже киллером, как он признался мне, будучи пьяным, — он сказал, что убивал только плохих людей, конченых негодяев, и всегда, когда ему поступал заказ, он вначале узнавал все о человеке, которого заказали, наблюдал за ним и только потом соглашался или отказывался, но потом он раскаялся и выбросил пистолет в реку, ездил в монастырь, просил прощения у Бога, поселился в сельской местности и запил. Вилли был самоучкой с широкими и разбросанными знаниями; он был убежден, что система образования призвана стандартизировать людей и делать их приемлемыми для общества, а все, чему человек действительно учится, — он узнает сам. Он не любил людей, считал себя аристократом и гением, любил природу и грозу, и Эриха Марию Ремарка, был три раза женат и имел семилетнюю дочь от первой жены. Вилли умел путешествовать по измерениям, но за ним там охотились, и он проваливался в страшные нижние миры и просил меня о помощи. Верхние миры, в которых он бывал, выглядели как прекрасные неземные города, и он описывал их мне, когда мы в грозу сидели на лотках и целовались. Его отец тоже страдал пристрастием к выпивке и работал когда-то помощником капитана дальнего плавания, он любил женщин и однажды уплыл к одной из них навсегда, оставив жену и сына. Предки Вилли были дворянских кровей и на старых фотографиях стояли рядом с членами царской фамилии. Самый счастливый период жизни Вилли относился ко времени, когда он устроился в фирму по торговле косметикой, соблазнил красивую сотрудницу, увел ее из семьи и они вместе организовали свой собственный бизнес. Молодой, энергичный Вилли заговаривал покупателям зубы и обольщал покупательниц, разъезжая с косметикой по области на своей машине. Дела шли в гору, Вилли завел редких аквариумных рыбок, купил телескоп, чтобы созерцать звезды, и увлекся астрономией, но жена ушла к другому, он запил, все потерял и стал жить с матерью в поселке. Ни у кого из мужиков на рынке не было таких золотых рук и такой светлой головы, как у Вилли: он мог по звуку определить, что неисправно в двигателе.

Через несколько дней после того, как рядом с рынком меня пытались затащить в машину и изнасиловать пять братков из ближайшего поселка городского типа, я поняла, что влюбилась в Вилли. Он лежал рядом с лотками в отключке, в мокрых от мочи штанах, а я смотрела на него и понимала, что он не похож ни на кого из тех, кого я знала до сих пор. Мы часами разговаривали о том, что у нас было общего. Меня немножко раздражало, что после каждой фразы Вилли говорил «нах», но я быстро к этому привыкла. Он рассказывал, что когда-то во время грозы забирался на крышу дома и фотографировал аппаратом «Зенит», и как он «в дни молодости» — он постоянно говорил «в дни молодости», поскольку ощущал себя уже очень пожившим человеком, — уходил в лес на много дней, ловил рыбу, собирал грибы и ягоды и жил как настоящий таежник. Он знал местный лес, как свои пять пальцев, и показал мне дорогу к Черным озерам. Он рассказывал бесчисленные байки про себя в старые времена, возможно, многое сочиняя, но я принимала все за чистую монету и видела перед собой не спившегося парня из поселка, а храброго ковбоя, героя многочисленных приключений. «Мой главный недостаток — это храбрость», — говорил он, хотя однажды, когда мы сидели на лотках, к нам подошел какой-то пожилой мужик с красным лицом и вздутыми венами; ему не понравилось что-то, что сказал Вилли, и он ударил его ремнем. Вилли стерпел, и все было улажено мирно. Мальчишки называли Вилли бомжом и смеялись нам вслед, когда он, в обмоченных штанах, и я, вызывающе накрашенная, на каблуках, шли по поселку рука об руку.

Как-то я пришла на рынок, и Вилли там не было. Меня подозвал к себе Борода и сказал: «Хочешь посмотреть видео? Я вчера снял, когда тебя не было. Там твой любимый Вилли показывает задницу». — «Что???» — «На него наехала мафия, он им денег был должен, и они сказали: "Не можешь платить — показывай задницу"». — «И он показал?!» — «А что ему было делать? Заставили показать — он и показал. Чуть не поимели его». — «Ты знаешь, я не хочу смотреть», — сказала я. «Правильно, я бы и сам тебе не показал, я тебя только так позвал, рассказать, а показывать — это слишком жестоко. Жалко тебя». «Зачем ты спаиваешь Вилли? Зачем наливаешь ему?» — однажды спросила я Бороду. «Есть разные пути. Водка — это тоже путь», — ответил Борода.

Мы с Вилли собирались пожениться, но отношения наши были целомудренными, ничего не было, кроме поцелуев. Вначале я и целоваться не хотела, но Вилли довел меня до слез словами о его погибшей душе, о том, что я его не люблю, раз не хочу с ним целоваться, значит, нужно нам расставаться, а без меня ему и жить незачем. Я расплакалась, и мы начали целоваться.

«Бабушка, у меня появился молодой человек, — сообщила я бабушке, — он меня сильно старше». — «Сколько же ему лет?» — «Двадцать восемь». «Ну, это еще ничего, — сказала бабушка, — я испугалась, что все сорок. А он не пьет?» Я соврала: «Нет, не пьет. Только по праздникам». Потом я привела пьяного Вилли домой — знакомить с бабушкой и дедушкой. Он много и пьяно говорил, сидя за столом на веранде. Бабушка с дедушкой молча слушали его с каменными лицами. Я врала, что он не пьет, что он просто чуть-чуть выпил, чтобы не нервничать перед встречей, но всем все было ясно. Я была непоколебима в своем решении выйти за него замуж. Бедная бабушка звонила на телевидение, в какую-то передачу, где обсуждался вопрос алкоголизма, рассказывала нашу историю и спрашивала совета.

Вилли подшился. Он исчез на несколько дней, а потом вернулся трезвым, с цветами. Вернулся в дом к матери и дяде, обещал мне, что устроится в городе на работу, будет снимать квартиру где-то неподалеку от меня, а потом я повзрослею и мы поженимся. Пока же он устроился в рабочую бригаду — строить коттеджи. В саду их дома к осени распустились удивительные, величавые хризантемы и астры, и каждый день Вилли приносил мне новый букет. Мы были очень счастливы. Мы верили в наше будущее. В нашу любовь. Мы бесконечно разговаривали друг с другом о самом сокровенном и удивлялись, сколько у нас общего и как мы друг друга понимаем с полуслова. Мы целовались под солнцем и под дождем, среди цветов и яблок, трезвый Вилли пах каким-то благородным одеколоном, его щеки были чисто выбриты. Он обнимал меня очень крепко и говорил, что уже скоро меня «можно будет срывать» — как ягоду или цветок.

Я любила Вилли и запомнила его навсегда. Я скучала по нему, когда мы уже перебрались в город, а он обещал через неделю отправиться вслед за мной, начать обустраиваться, искать работу, и не приехал. Прошла еще пара недель — от Вилли не было никаких вестей. В самом конце октября дедушка в последний раз взял меня на дачу. Моя подруга тоже поехала, и мы сразу отправились искать Вилли. Мне было страшно. Около его дома мы встретили его мать, и она сказала: «Не знаю, где он». Мы пошли искать его по поселку, дошли до Блюдечка — маленького глубокого озера, которое окружают лес и лысая гора. Всюду было безлюдно, листья желтели, я смотрела на озеро, верхушки сосен и понимала о мире нечто непоправимое.

На пути с озера нас нагнал пьяный Вилли. Когда мы приходили к нему домой, он был там, спал пьяным сном, и его мать не решилась нам сказать, что он снова запил. Он бухнулся передо мной на колени. Говорил, что сорвался, завтра же завяжет и все будет так, как мы с ним мечтали. Я простила его. Мы пошли жечь костер на участке. В октябре в наших местах в небе хорошо виден Млечный Путь. Мы стояли под звездами, зябко ежились, греясь у костра, в последний раз обнимались и в последний раз говорили о том, что объединяло наши сердца: о любви к звездам и осени, об октябрьской тишине, о мечтах пойти в лодочный поход по Вуоксе.

На следующий день я уехала в город, и Вилли исчез из моей жизни. Позднее он говорил мне: «Я решил тогда, что не хочу ломать тебе жизнь». Я медленно привыкала жить без него. Медленно понимала, что так лучше. Только к следующему лету я смогла снова начать с кем-то встречаться. Я бросила школу, выдержав год скандалов с бабушкой и дедушкой, и подала документы в какое-то училище, где я даже не показывалась, а жила на вписках у разных неформалов, в разных компаниях, тусовалась, путешествовала автостопом. Прошли годы, и, кажется, я была уже замужем и изучала в университете философию, когда ко мне приехал Вилли.

Он приехал на своей машине, со своей широкой счастливой улыбкой, и рассказал, что не хотел ломать мне жизнь и что помнил обо мне все эти годы, и когда ему было совсем плохо — смотрел на мою фотографию и молился. Он пил много лет, по-черному, пока чуть не умер, замерзая, избитый до потери памяти на сельской дороге. Он остановился, бросил пить и больше его к этому даже не тянет, работает электриком в поселке и хорошо зарабатывает, по сто тысяч в месяц. Мы стали дружить. Летом мы вместе ездили на его машине по ближайшей области, к слиянию рек Смородинки и Волчьей, к полям на западе, он увлекся игрой на бирже, стал этим зарабатывать и рассказывал мне, что такое Форекс. Показывал сделанные им великолепные профессиональные фотографии местной природы. Но разговоры наши стали скупыми, не такими, как раньше, немножко натужными — мы больше не могли говорить о том, что объединяло наши сердца. Я изменилась. Я стала смотреть на него по-другому. Но в моем взгляде осталась благодарность за то наше единственное лето и ту истинную, неотмирную близость, которая была возможна между нами тогда и невозможна теперь, и благодарность за то, что он тогда отпустил меня, и радость, что он выкарабкался и жив, и неизменная за него тревога.

Прошло почти двадцать лет. На рынке многое изменилось. Тетя Люба, Наташа и Алия больше не работают в ларьках. Наташу муж увез от греха, то есть от

Ивана, подальше, тетя Люба и Алия тоже куда-то делись. Борода больше не продает водку. Дедушка Ау помер зимой в холода. Букаха погиб страшной смертью под колесами грузовика. Теперь я просто одна из рядовых посетителей рынка, я не знаю его внутренней, скрытой жизни, не знаю, какие драмы в нем разворачиваются, какие судьбы складываются и ломаются, но помню, глядя на старые деревянные лотки, как лежала на них и смотрела из-под крыши, наискосок, в небо, рядом был Вилли, стопка водки и колода карт, и как бы это ни было странно, асоциально и неприемлемо, — я была свободна и счастлива.

Путяга

После девятого класса я пошла учиться в ПТУ. Я не собиралась там по-настоящему учиться, а хотела просто где-то числиться, чтобы успокоить своих домашних, что я не совсем на улице. На самом деле я, конечно, собиралась быть совсем на улице. Домашним было трудно принять это мое решение: я выдержала год скандалов, давление на психику золотыми и серебряными медалями и красными дипломами предков, на меня кричали, меня умоляли, меня пугали, что в училище меня будут мучить злые ПТУшники, но я все решила твердо.

К такому решению привела меня, в первую очередь, семейная обстановка: гиперконтроль бабушки, который доходил до абсурда и вызывал неизбежный бунт. Оказывали на меня влияние и мои молодые люди того времени: они обычно не имели образования, были разнорабочими, водопроводчиками, охранниками и грузчиками, еще двое или трое из них признавались мне, что работали киллерами. Я переняла от них убеждение, что система образования призвана стандартизировать людей и делать их приемлемыми для общества, и гораздо более достойный путь — быть одиночкой и самоучкой. Я вообще ощущала себя в оппозиции к обществу, к существующему миропорядку, к Демиургу этого мира и всему такому.

Весь девятый класс я прогуливала школу, каталась на метро во время уроков и сочиняла стихи, гуляла с Надькой по городу. Мы познакомились и затусовались с уличными музыкантами Гришей и Димой, которые играли в переходе на Гостинке. Нам обеим понравился Дима, и мы часами простаивали рядом с ними в подземном переходе, слушая незамысловатые песенки и строя им глазки.

В начале лета я стала готовить документы в училище, незаметно для себя прошла какие-то несерьезные вступительные испытания, набрав сто из ста баллов, и собирала справки. Одна из справок была нужна из кожно-венерологического диспансера. Я стояла на остановке и ждала автобус, чтобы туда поехать, и меня заприметил молодой человек на остановке с другой стороны дороги. Мы построили друг другу глазки, и он подошел ко мне знакомиться. «Девушка, куда вы едете?» — спросил он первым делом. «В кожно-венерологический диспансер», — ответила я. Он опешил. Так начался наш роман.

Он был родом из маленького украинского городка, ему было двадцать семь лет, хотя он выглядел моложе, у него была копна темных вьющихся волос и огромные разноцветные глаза. Когда-то он учился в военном училище, но был отчислен, работал с братом укладчиками полов, на досуге занимался музыкой. Назовем его Леня. Мы стали подолгу разговаривать по телефону вечерами, гуляли по парку и целовались, и тут, в беседке на острове посреди пруда, он признался мне, что секса у нас не может быть — у него с этим непреодолимые трудности. Он жил с любимой женщиной семь лет, и все было прекрасно, но с тех пор, как они расстались, у него больше не получается. Спросил, смущает ли это меня. Я ответила, что не смущает, но если я чем-то могу помочь в этом плане — я готова. Я приходила к нему в гости и пыталась помочь, мы валялись и целовались, но когда уже начинало доходить до дела — он отталкивал меня и замыкался. Под подушкой у него я нашла порножурналы. Периодически у Лени обострялась депрессия, он исчезал недели на три, переставал мне звонить, потом звонил и извинялся, говорил, что ему было плохо.

В одно из таких его исчезновений я поехала на Черную речку (основное место тусовки неформалов, где я регулярно бывала) и там под дождем на лавочке в сквере пила вино с очень красивым девятнадцатилетним парнем. Он учился на философском факультете, его звали Саша, рост у него был метр девяносто четыре, он был неформалом-интеллектуалом, писал в газету «Лимонка», состоял в НБП и продюсировал одну впоследствии достаточно известную рок-группу. После этого я перестала отвечать на звонки Лени, когда он наконец объявился, и какое-то время встречалась с Сашей.

Мы гуляли по Питеру, и он покупал при мне толстый том Ницше, съездили в Павловск, он рассказывал мне о НБП и современной готической сцене, мы кормили белок, фоткались, сидели на скамейке, и он положил мне голову на колени. Я перебирала его волосы, и он сказал, что это лучше секса. Он знал, что я собираюсь учиться в путяге, и, наверное, думал, что я не очень умная, обычная пэтэушница. Но что-то хорошее у нас начиналось, а потом к осени он исчез. Я ездила гулять на Елизаровскую, где он жил, тосковала под дождем и мечтала его встретить. Через полгода на Черной речке он рассказал мне, что тогда наш роман прервался из-за того, что объявилась его бывшая девушка, к которой у него еще оставались чувства, и он воссоединился с ней. Сказал, что у него оставалась о ней «телесная память», а это очень сильная штука.

С сентября начались занятия в училище, и тогда же меня отселили из дома. Бабушка сказала, что больше не может со мной жить, потому что я неподконтрольна, и меня с мамой выселили к бабушкиной сестре в другую квартиру, где мы в принципе и были всегда прописаны. Так я полностью избавилась от какого-либо родительского контроля и оказалась на долгожданной свободе. Мама никогда не пыталась, да и не смогла бы меня в чем-то ограничивать, а бабушкина сестра была, мягко говоря, не в восторге от нашего переселения, брюзжала и говорила гадости, и я просто старалась с ней поменьше сталкиваться. Она была несчастным и тяжело больным человеком, старой девой с какой-то похожей на биполярное расстройство формой шизофрении, и я сочувствовала ей, но старалась держаться подальше.

Путяга располагалась в нескольких корпусах по всему городу: на Нарвской, Петроградке, Выборгской, но чаще всего мы занимались на Фрунзенской, в обшарпанном бело-желтом здании, к которому довольно долго нужно было идти по усыпанным осенними листьями дворам. В этих дворах в кустах обыкновенно прятались эксгибиционисты и показывали члены. Вообще-то я приходила на учебу очень редко, по пальцам пересчитать, сколько раз я там была. Но атмосферу помню прекрасно. Все там было гораздо более строго, чем в школе, там был мастер и куратор, и была доска объявлений, где вначале трижды появлялась фамилия прогульщика, а потом, на четвертый раз, появлялся приказ об отчислении. Факультетов было несколько. На одном, самом престижном, где числилась я, учили на туроператоров. На остальных готовили коммерсантов, обучали гостиничному сервису, а самый низкий балл при поступлении требовался на факультет, где обучали поваров. Ребята с поварского факультета радостно рассказывали на перекурах, как они харкают в еду, которую готовят. На моем факультете были все девушки и только два юноши.

Со многими девушками я сразу подружилась. Женя была красавицей с толстой русой косой и, между прочим, отличницей в школе, но жизненные обстоятельства заставили ее уже задуматься о заработке и получении профессии. Женя писала стихи и рассказала мне, что появилась новая премия для молодых талантов — «Дебют», о ней даже объявляли по телевизору, и она собиралась на нее отправить свои сочинения. Я еще подумала тогда — а не отправить ли и мне на нее свои стихи, но как-то поленилась. Алина была просто прикольной девчонкой, и мы какое-то время тусовались вместе. Даша была фотомоделью и сиротой, она жила у своего богатого взрослого мужика-покровителя и была его любовницей чуть ли не с детства. У многих девушек были интересные жизненные истории, многим пришлось рано повзрослеть и думать о будущем, они были гораздо менее инфантильны, чем девочки в школе.

Что касается преподавателей. Биологичка ни слова не говорила о биологии; она рассказывала о биоэнергетике, снежных людях, Атлантиде и всевозможной эзотерике, а потом в каком-то из учебников мы нашли неведомо как туда попавшую ее фотографию, где она обнаженная в лесу в венке из трав обнимает дерево. Пожилая преподавательница русского и литературы была очень строга. В школе я привыкла быть первой по этим предметам, привыкла, что мои сочинения всегда признавали лучшими и зачитывали вслух всей параллели. И тут мы писали сочинение по Островскому, я написала отличное, по моим понятиям, сочинение, свободное, странное, и получила за него, к моему огромному удивлению, трояк. Зато девочки, которые написали «правильные» сочинения, получили пятерки.

Но главное, что я помню, это, конечно, Ксана. В самый первый раз, когда я шла в училище от метро «Фрунзенская», она догнала меня и спросила, не в училище ли я иду и как к нему пройти. Я думаю, она обратилась ко мне, потому что я была одета в неформальные шмотки: футболку с «Rammstein» и ковбойскую коричневую куртку с лапшой, а Ксана была в футболке с «Kiss» и в черной куртке с лапшой. У Ксаны была смуглая кожа, зеленые глаза, а волосы были иззеленачерными, так как она подкрашивала их черной краской с зеленым отливом. Еще у Ксаны была огромная и невероятно красивая грудь, которой она всегда хвасталась и демонстрировала всеми возможными способами. Вообще Ксана была очень красивой. Одной из самых красивых девушек, что я видела в жизни. Она была красива одновременно совершенно по-детски и совершенно по-блядски, и это было просто невероятно.

Все разы, что я приходила в училище, я приходила туда ради нее. Она слушала «Nightwish», и я тоже начала слушать «Nightwish». Мы обе увлеклись готикой и одевались только в черное. Я купила гады и стала краситься, как Мэрилин Мэнсон. Мы вместе пили и курили во дворе училища во время занятий. Ксана была крутой, она была непосредственной, она была охуенной. Она ничего не боялась, в ней было столько силы и жизни, столько вызова, столько энергии. Мы встречались в училище и уезжали до вечера тусоваться в «Castle Rock», подвальный рок-магазинчик во дворах недалеко от Московского вокзала. Во дворе его собирались неформалы, в основном металлисты. Я слушала тогда «Tiamat», «EverEve», «Lacrimosa». Многие вокруг слушали death и black metal, но это я не очень любила. Ксана сама пела очень сильным голосом, как солистка «Nightwish» Тария, иногда она напивалась, и мы с Марго — другой юной готкой и завсегдатайкой Костыля — так мы называли «Castle Rock» — дотаскивали ее до метро, иногда я напивалась, и они с Марго дотаскивали меня до метро. Когда мы с Ксаной и Марго перемещались по улицам или ехали в метро, обыватели смотрели на нас со страхом и осуждением, а один раз крикнули: «Три Мэрилина Мэнсона!» Также с нами постоянно тусовалась рыжеволосая, похожая на лисичку девочка в фиолетовой косухе, которая была убежденной сатанисткой, но в свободное от тусовок время пела в церковном хоре, влюбленная пара Удав и Смерть, которые тоже учились в какой-то путяге, славный малый Изверг, который за мной приударял, и долговязый Солитер, который тоже ко мне лез. Образования ни у кого не было, многие учились в путягах или нигде не учились, но существовал один фантазм: философский факультет. Парни, которые считали себя поумнее прочих, те же Изверг и Солитер, говорили периодически, что подумывают поступить на философский факультет. Считалось, что это место, достойное неформала и бунтаря. Однажды я бесшумно подкралась сзади к Извергу, и меня за эту бесшумность прозвали Стелс и с тех пор так и называли. Продавцом в «Castle Rock» работал Андрей, он испытывал ко мне смесь влюбленности и агрессии. Мы с ним курили траву за гаражами на Староневском, а он делал движения, будто хочет меня избить, но явно был ко мне неравнодушен.

Это было время отрыва, музыки, пьянки. На этих тусовках перевидала я всякого люда: безобидных хиппи и отмороженных панков; у Катькиного садика мне порой составляли компанию малолетние геи-проститутки, а в Трубе мы бухали с проезжими бродягами. Попадались на тусовках порой и настоящие преступники и убийцы. Один, с нехорошим лицом, как-то на Черной речке рассказывал, как он только что убил бомжа, и все с ним бухали и тусовались, как ни в чем не бывало. Там же всегда тусил Медведь — седой мужчина с брюшком, про которого я думала, что ему лет сорок–пятьдесят, пока не узнала, что он совсем молодой, вернулся из Чечни, вся его рота погибла, а он один выжил. Была там Стрелка, она раньше работала плечевой проституткой, у нее был любовник, который ее избивал, и лицо у нее всегда было расквашенное. Она была уже совсем спившаяся, но парни ее любили, и сама она как-то раз по пьяни рассказала мне, кто она такая на самом деле: «Я — валькирия! Настоящая валькирия! — призналась она. — Представляешь: настоящая валькирия! Я летаю! И я пишу об этом роман!» И когда Стрелка это говорила, в ее заплывших от фингалов глазах горел такой неземной северный огонь, что я раз и навсегда поняла, что это правда: она была валькирия. В Трубе же была хиппушка по прозванию Елена Ужасная: она рассказывала, что ходит с мертвым ребенком в животе и он внутри у нее разлагается, и ей от этого плохо, она болеет, но к врачам почему-то обратиться не может. Многие кололись, подростки были в основном из неблагополучных семей. Вместе с какими-то заезжими панками я ела с городской помойки. Мое будущее таяло у меня на глазах. Со мной тоже было не все благополучно, но разобраться тогда в своей голове и в том, что со мной происходит, мне было не под силу.

Дерзкая и прекрасная Ксана любила только длинноволосых блондинов. Она жила со своим парнем и бабушкой. Парень этот учился на юридическом факультете университета, время от времени появлялся на тусовках и тащил Ксану домой, иногда на тусовках появлялась ее бабушка и тоже пыталась тащить Ксану домой, но Ксана убегала, а бабушка бежала вслед за ней и пыталась избить ее зонтиком. Потом Ксана бросила этого своего парня с юридического и стала мутить с другими парнями из тусовки, как водится — длинноволосыми блондинами. Однажды в Костыле, когда мы напились, я сказала Ксане, что никогда еще не целовалась с девушкой и мне хотелось бы попробовать. Мы и попробовали, и с тех пор иногда по пьяни целовались. Ксана была шумная, любила эпатировать, громко материлась, делала непристойные жесты, всех парней называла «перцами», а если встречала какого-нибудь мудака, называла его «мудель». В общем, это был мой идеал девушки во плоти.

Мы обе не задержались в той путяге. Моя фамилия к концу октября уже дважды или трижды появлялась на доске с предупреждением за прогулы, вот-вот должны были отчислить. Я и сама стала понимать, что учебу в ПТУ мне не потянуть. Вот философский факультет — другое дело. Мне стало надоедать однообразие моей жизни: бухло, вписки, тусовки, каждый день одно и то же, и казалось, что теперь так будет всегда. Будто над моей жизнью навис какой-то потолок, который еще немного — и будет уже не преодолеть. А дальше только вниз под откос. Мне захотелось открытого горизонта, захотелось, чтобы я не знала, что будет впереди. Удивительно: мне захотелось учиться. Теперь никто не давил на меня, и я по своей свободной воле подумала о том, что хочу вернуться в школу. Только не в свою бывшую, навсегда оставшуюся в прошлой жизни, в тех промозглых дворах, по которым мы долгие годы детства изо дня в день ходили к первому уроку с провожавшей меня бабушкой и видели, как в синей мгле один за другим гаснут фонари. Я хотела в какую-то новую школу, где у меня будет новая свободная жизнь. Я ушла из путяги, и меня после собеседования с директором приняли в одну из школ в нашем районе, вполне приличную школу, правда, с углубленным изучением французского языка, которого я не знала, но это мелочи жизни.

Ксана тоже покинула нашу путягу: ее направили в спецПТУ для трудных подростков. Она оттуда сбежала, снялась в какой-то порнухе для заграницы, забеременела от кого-то и родила, мы перестали общаться. Я знаю, что сейчас она живет с сыном и мужем, работает мерчандайзером и ходит в качалку. И что она по-прежнему такая же классная. А я тогда снова села за школьную парту. В классе было тихо, светло и спокойно. Лежал мел у доски, на подоконниках стояли комнатные растения. Вокруг сидели дети. В основной массе они были невинны и инфантильны, бело-розовы и благополучны; их сердца еще не проснулись. Я сидела за партой вся в черном, с готическим макияжем. Я писала сочинения, чертила треугольники, решала логарифмы. Я много прогуливала и жила, как хотела, но мне было легко, очень легко учиться. Я не знала, что будет завтра, и верила, что будет что-то необыкновенное, долгая юность, счастливая молодость, любовь и дружба, творчество и познание. Впереди было еще два года школы и философский факультет.

Воспоминание о забытом возлюбленном

Я забыла своего возлюбленного, но пытаюсь вспомнить его. Кого я так сильно любила в юности, что пыталась покончить с собой? Помню, что волосы у него были длинные, и роста он был очень высокого, метр девяносто два или метр девяносто четыре. Человеческого имени у него, мне кажется, не было, а вместо него носил он имя короля гномов, короля под горой.

Был он вечно отчисленным и восстанавливающимся студентом, пока однажды не отчислился окончательно, еще был он ролевиком, металлистом, и было ему двадцать лет. Помню я, что он изучал в университете математику, хотя имел склонность к истории, и детство его прошло в Казахстане на пасеке, и оттуда матушка присылала ему мед и сыр, который делала сама. Помню вкус этого меда и сыра — жирного и свежего, который ели мы вприкуску вместе с чаем, в тепле, рядом с печью в зимней деревне Бернгардовке, где он вместе с братом жил в сельском доме, и идти к нему надо было по проселочной дороге через лес от станции. Сейчас бы я не нашла этот дом, до леса бы дошла, а вот куда дальше — не помню. Помню лес зимой, бесконечные вечерние холодные электрички от Финляндского вокзала и утренние — обратно, помню маленькие цветы весной у платформы, и как летом мы в этом лесу бегали и играли в какие-то стрелялки. В Бернгардовке расстреляли Гумилева, который был любимым поэтом моего забытого возлюбленного, и он рассказывал мне про него, стоя на зимней платформе «Берды» (как мы называли Бернгардовку) и говорил, что Маяковский был панк, а вот Гумилев — настоящий ролевик.

Он прекрасно пел, мой забытый возлюбленный, сильным красивым голосом, и играл на гитаре. У них с друзьями была рок-группа, которая то прекращала свое существование, то опять появлялась из небытия, они нигде не выступали, только репетировали, а стихи им писал ближайший друг моего парня, молодой писатель, с которым они вместе работали строительными рабочими. В комнате у моего возлюбленного висел плакат «Manowar», но больше всего он любил «Blind Guardian» и «Крематорий». Я сказала, что они работали строительными рабочими. И вправду, я что-то такое помню. Они забирались на высокие здания, работали на лесах, один раз моего возлюбленного отчего-то ударило током и он чуть не сорвался. Потом, когда он окончательно распрощался с университетом, у него осталась только работа высотником на стройке. «Не кочегары мы, не плотники, но сожалений горьких нет», — любил говорить он.

Глаза у него были одновременно голубые и разноцветные, и, если я правильно помню, красоты он был необыкновенной. Была у него, разумеется, косуха, и он потом мне ее подарил. Она и сейчас висит у меня в прихожей на вешалке. Размера она, конечно, не моего, да и истрепана вся, так что мама хотела ее выбросить, а я ей и говорю: «Это все, что у меня осталось от него». Вернее, еще осталась фотография, где он стоит совсем юный на фоне зеленой травы и рельсов и улыбается, и остались листы бумаги, где он написал какое-то изречение из «Сатанинской Библии» Ла Вэя и нарисовал перевернутую пентаграмму, а также листы, на которых он показывал мне, ученице десятого класса, действия с логарифмами.

Знакомство наше я помню вроде бы хорошо. Было это на следующий день после моего шестнадцатилетия, на Черной речке, в Хэллоуин. Он говорил мне, что сказал Сигвальду: хочу женщину, и Сигвальд поставил перед ним меня. Но потом ровно эту же историю он рассказывал мне, спустя годы, про знакомство со своей будущей женой, что вот так вот Сигвальд поставил перед ним ее, потому я и думаю: может, я что-то неправильно помню, а может, Сигвальд и вправду ставил перед ним всех его женщин, в конце концов не так уж это и удивительно, бывают гораздо более странные вещи. Я тогда тусовалась везде и одевалась, как готка. Но не только как готка, по-рок-н-ролльному, по-хипповому тоже одевалась. Слушала тоже всякий тяжеляк, «Tiamat» любила, «Lacrimosa», «Nightwish». В школе училась в десятом классе, как я уже говорила, но не ходила туда почти. В тот Хэллоуин мы с каким-то пожилым художником, с которым познакомились на улице, пошли на вечеринку в какой-то клуб, где я рисовала всем фаллосы на теле, выдав себя за ассистентку этого художника, специалистку по боди-арту, и пила кровь какого-то юноши любопытства ради. Помимо крови, напилась там алкогольных напиточков и поехала потом на Черную речку (там была большая тусовка неформалов). Там меня Сигвальд и поставил перед ним. Перед моим забытым возлюбленным. Вернее, на тот момент еще не знакомым возлюбленным. И у нас началось. Поехал провожать меня до дома, и уже в метро понятно было, что началась любовь. Говорили всякую чепуху, про питье крови, флиртовали, а в глазах уже был блеск неземной, и я потом ждала: позвонит — не позвонит. Потом помню, что встретились и шли по Литейному мосту, моросил дождь, я была в длинном черном пальто, и у меня по лицу текли ручьи туши. Говорил в основном он, и все о подводных лодках, очень он увлекался военной историей. Потом еще помню: мне делали чистку лица, и я была вся в пятнах после этой процедуры, и он ко мне приехал домой, а я там такая пятнистая, без макияжа, в домашнем халате. Он взял гитару и стал петь мне про драккар викингов, я лежала на кровати, а он сидел у меня в ногах и еще сказал, что подумывает уехать из Петербурга, вернуться в Алматы, и я тогда ощутила страх потери, что он вот так уедет, а у нас все только начинается. Никуда он не уехал, и все у нас дальше было.

Вот дальше оно все совсем в голове и смешалось. Электрички, тусклый свет, темнота, зима, деревня, сыр, мед… И долгие прогулки по Питеру, и частое совместное поедание шавермы, и походы в ночные клубы на группы, исполняющие ирландский фолк: «Башню Рован», «Рилроад», «Дартс». Помню, как в клубе «Молоко» я впервые увидела ребят, танцующих старинные ирландские танцы. Помню, как еще в каком-то клубе я впервые обратила внимание на публику: прихиппованную красивую молодежь, по-видимому, студентов, стильно одетых, длинноволосых, курящих траву. Я познакомилась с тусовкой фолкеров и поняла, что вся эта молодежь сильно отличается от тех ребят, с которыми я обычно тусовалась на Черной речке и в Костыле. Я тусовалась с неформалами-пэтэушниками, детьми из неблагополучных семей, а в этих клубах были неформалы-интеллигенты, среди них были юные художники, поэты, музыканты... Мне было приятно и лестно ощущать свою принадлежность к ним, когда мы с моим парнем сидели и слушали музыку, которую исполняли ребята, с которыми он был знаком, дружил, тусил, я чувствовала гордость, что я его девушка. Свое творчество я стеснялась тогда кому-либо показывать, разве что паре подруг показала, и одна из них сказала, что это лучшие стихи, которые она слышала, но своему парню я точно не могла их показать, я бы сквозь землю провалилась, если бы попробовала сделать это, только иногда упоминала, что, бывает, пишу стихи, но он не проявлял большого интереса. Вообще говорил в нашей паре обычно он, а я слушала, восхищалась и любила.

Компании, тусовки, вписки — все вертелось и кружилось. Меня водили в гости к настоящему молодому писателю, я была немножко как бессловесная мебель, как красивая школьница рядом со своим крутым двадцатилетним парнем. По вечерам я звонила маме из телефонов-автоматов и говорила, что не приду ночевать, и мы ехали на электричке в Бернгардовку. Мы вместе встречали новый, 2002 год, гуляли по городу с компанией, пили шампанское, мой возлюбленный напился и всем прохожим кричал: «С Новым годом!» Потом сидели на квартире у его друзей, пели песни, веселились. Однажды мой возлюбленный про меня забыл и не звонил неделю. Я стала его разыскивать через друзей, он позвонил, извинился и сказал, что как-то завертелся и просто забывал позвонить. Потом, ближе к весне, я заметила, что его отношение ко мне изменилось. Он стал все время грубо шутить в мой адрес, как будто специально хотел меня обидеть, проявлял какое-то пренебрежение, когда я была у него в гостях, наутро он садился за компьютер и играл в «цивилизацию», совершенно про меня забывая или даже намекая мне, что мне пора уходить. Я молча это все съедала, думала, что так и надо. В гостях у него я однажды нашла книжку Германа Гессе «Степной волк», прочитала за один присест, и она мне безумно понравилась. Еще я тогда читала и учила наизусть стихи Рильке, увлекалась Ницше. А мой возлюбленный был поклонником творчества Ричарда Баха и снабдил меня его книгами; они мне тоже понравились.

Как оно все кончалось, помню совсем урывками. Бесконечные обиды, насмешки, пренебрежение, на Черной речке он на моих глазах демонстративно флиртовал с другой девушкой, которая одевалась в зеленое и он за глаза называл ее «зеленая бабища». Я не помню, объявлял ли он как-то конец наших отношений или просто исчез, или вначале надолго исчез, а потом по телефону сказал, что все… Кажется, был какой-то такой момент, какое-то объявление разрыва, но я правда забыла. Я не помню, какими словами он это сказал, как звучал его голос. Обычно такие вещи запоминают на всю жизнь, но я забыла. Кажется, я страдала, была сильная-сильная боль, и я тогда приняла всю эту кучу лекарств: феназепам, димедрол, фенибут, что-то еще, сколько упаковок, я не помню, и не помню, чтобы я хотела умирать, просто хотела спать, не быть, и почему-то было чувство, что я знаю всю свою жизнь наперед и не хочу ее проживать. Были какие-то разбитые яйца, их я помню. Кажется, пошла на кухню делать яичницу, яйцо разбилось и упало. Потом я была в отключке три дня. Практически в коме. Но все-таки не совсем, потому что мне потом рассказывали, что мне позвонил друг, я взяла трубку (телефон был рядом с кроватью), сказала: «Миша, пошел на хуй» и повесила трубку.

Пришла в себя я на четвертый день глубоко ебанутым человеком. Долго еще все в голове у меня путалось, дни слипались друг с другом, люди превращались в странные химеры, а то, что непосредственно предшествовало этому отравлению, я и вовсе забыла навсегда. И воспоминания о моем возлюбленном стали проступать для меня, как из какой-то дымки. Вроде и со мной это было — а вроде и не со мной. Первое, что я сделала, придя в себя, — это поехала в Костыль, нашла незнакомую молодежь, тусующуюся там, потребовала у них достать для меня каких-нибудь наркотиков, завалилась в канаву без сознания, потом встала и, шатаясь, ушла по своим делам. Этот мой визит там еще долго вспоминали.

С моим возлюбленным мы еще неоднократно встречались потом, трахались, были какие-то поползновения снова быть вместе, но все это медленно угасало. Помню, что сидели с ним за железнодорожными путями у грязной реки, уже расставшиеся, и болтали, и он сказал: «Странно, у меня такое чувство, что я снова за тобой ухаживаю». Помню, что его друзья оставили нас на ночь в своей квартире в надежде помирить, и нам было хорошо вместе, но ничего глобально это не изменило. Помню, что после какого-то летнего музыкального фестиваля во дворе ЛЭТИ мы шли пешком в разгар белых ночей в Бернгардовку, и это был очень счастливый, незабываемый поход, и я там зависла у него на три дня. И когда мы шли той ночью в Бернгардовку, он мне сказал, что с ужасом подумал о том, что было бы, если бы я умерла, наевшись этих таблеток.

Он уже спал с кем-то еще в те дни. У меня уже тоже началась новая любовь, но я все еще держалась за него, не могла отпустить до конца. И наконец я помню, как после ночи любви мы сидели с ним во дворике на детской площадке и он читал мне рассказ своего друга, молодого писателя, а потом сказал мне, что я молодая, мне надо набираться опыта, познавать мир, а не держаться за прошлое. И тогда я смотрела на него и чувствовала, что меня зовет какое-то чудесное, неведомое будущее, и я отпустила его, как-то легко, именно тогда, в то утро на детской площадке. И на следующий день я уехала со своей новой любовью путешествовать автостопом.

После этих таблеток все у меня в памяти, как в дыму, в густых-густых облаках. Вот и все, что мне удалось вспомнить. Но, может быть, я обманулась и вспомнила что-то не то: что-то, чего не было, или было, но не со мной. Я забыла своего возлюбленного, но пытаюсь вспомнить его. Быть может, тот, кого я хочу вспомнить, никогда и не жил в реальности, в мире яви. Он родом из того мира, что снится телу, но в котором живет душа, в том мире, в котором мы — и музыка, и весна, и живущий в нем сокровенный возлюбленный. Там, в душе, живут возлюбленные, которые вечно любят друг друга. И нельзя отождествлять забытого возлюбленного ни с одним из возлюбленных, которых я знала в яви. Иногда забытый возлюбленный предстает в облике того или иного из «эмпирических» возлюбленных, в облике того, кого я любила в шестнадцать лет, или в облике того, кого я любила в тридцать. Он кроется там, за границей памяти, у него нет имени, у него нет времени, вместо лица у него темный дремучий лес, на голове растут цветы и травы, во рту у него море, в одном глазу солнце, а в другом луна.

Я забыла своего возлюбленного, и тот, с кем мы вместе поехали путешествовать автостопом, — не в меньшей степени мой забытый возлюбленный, чем тот, из-за кого я в шестнадцать лет травилась таблетками. Я забыла своего возлюбленного, но пытаюсь вспомнить его. Кажется, он умел принимать облик животных и птиц. Кажется, он воевал и был ранен, и я нашла и исцелила его. Он продирался сквозь джунгли, чтобы прийти ко мне. Он летал на драконе, он спас меня из заточения, и я родила ему семь сыновей. Он поцеловал меня в высоком замке, он пробудил меня ото сна, он воскресил меня от смерти. Он подобрал меня нищею и сделал королевой, владычицей мира. Он был со мной влюбленным подростком и седым мужем, он был низок и высок, худ и тучен, красив и уродлив. У него была борода, как клюв у дрозда, и рога, как у оленя, и горло, как у журавля. Я забыла своего возлюбленного, но однажды я вспомню, я обязательно вспомню, и мы улетим отсюда навсегда.

Под мостом

В одиннадцатом классе я наконец созрела, чтобы предъявить свои стихи миру. Страна должна знать своих героев. Тем более что сочиняла стихи я с раннего детства, а к одиннадцатому классу уже накопился целый творческий архив. Вот только непонятно было, как и куда, собственно, стихи предъявлять. И я отправилась на поиски.

Я узнала, какие ЛИТО существуют в городе, и посетила несколько из них. Впечатление было удручающим. В одном ЛИТО в ДК Ленсовета были сплошь пенсионеры, и они ставили друг другу плюсики карандашом на тех строчках, которые им понравились. Мои стихи тоже так разобрали, а потом предложили заплатить какую-то небольшую денежку, чтобы мое стихотворение могло участвовать в конкурсе стихов ко дню рождения города. В другом ЛИТО читали длинные простыни стихов под Бродского и заклевали меня, когда я прочитала свободный стих. В третьем ЛИТО было ничего, ко мне отнеслись внимательно и доброжелательно, там вела хорошая пожилая поэтесса, и я познакомилась там и напилась водки с каким-то бывшим баптистом. Четвертым ЛИТО был детско-юношеский клуб «Дерзание», и там я встретила Марту.

В «Дерзание» я заходила за тот год раза три, и первые пару раз о Марте только слышала. Сама она не приходила, но все говорили о ней, о ее стихах. Услышав мои стихи, сам ведущий семинара мне тут же сказал: «А вы знаете Марту Л-ву? Вам обязательно нужно с ней познакомиться!» Марта была первой звездой клуба «Дерзание» и анфан терриблем, и мне очень захотелось узнать, что же она пишет. В самом «Дерзании» мне было как-то не по себе: дети казались мне надменными и сильно превосходили меня знанием современной литературы, я не знала, о чем общаться с ними, и как-то всех стеснялась. Там была девочка-восьмиклассница, которая писала по пять замечательных стихов в день, а к девятому классу бросила писать навсегда, девочка, которая писала тонкую и жесткую короткую прозу, потом поступила в Литинститут, где и канула, беременная девочка, которая писала потрясающие эссе, девочка, которая говорила о себе в мужском роде и посвящала стихи Бетховену. Все они были надменные, злые, прекрасные, но самой надменной, злой и прекрасной была Марта.

В третий раз, когда я пришла в «Дерзание», я наконец увидела ее. Я увидела необыкновенное существо: талантливое и сатанински гордое, ведущее себя эпатажно и эгоцентрично, откровенно издевающееся над всеми вокруг и всеми любимое, сложное, изломанное, умное и, возможно, нежное и беззащитное внутри. Она читала стихи, и мне очень понравилось, потом я читала стихи, и она сказала, что ей тоже понравилось, и пригласила меня после встречи клуба в кафе. Это было ее любимое кафе рядом с Литейным мостом, где мы потом бывали не раз. Внутри был мягкий зеленый свет, деревянные столы и абстрактные картины на стенах. Мы говорили о Рембо и Верлене, Ван Гоге и Гогене, Оскаре Уайльде и лорде Альфреде Дугласе. Ей было шестнадцать, она тоже училась в одиннадцатом классе, и оказалось, что мы обе собираемся поступать на философский факультет. Мы обе считали своим любимым поэтом Артюра Рембо, а из современных — Виктора Соснору. Правда, я никого другого из современных и не знала, да и про того узнала незадолго до нашей встречи. Марта подарила мне свой сборник — тонкую черную книжку с белым квадратом на обложке. Это была книжка тонких и хрупких, черно-белых стихов, полных дождливых кафе, одиноких комнат и аккордов соседского фортепьяно. В этой книге были вечера, тянущиеся, как коньяк, зонт на холсте Писсаро, любовь и смерть, снег, темнота аллей, птицы и поцелуи, вино и море, безумие и эфирные сны, шарф разврата, сломанный ангел, Петербург и далекая Венеция.

Я писала много, писала с одержимостью. Я осваивала Серебряный век, русскую и европейскую классику. Я поочередно влюблялась в мертвых поэтов: Маяковского, Есенина, Пастернака, Цветаеву. Открыла для себя и полюбила на всю жизнь Хлебникова. Я пробовала писать в разных стилях и разными размерами, от античных логаэдов до свободного стиха. Я хотела писать одинаково хорошо свободным стихом и рифмованным. Мне хотелось дать слово траве, дереву, ветру, зверям и звездам. Мне хотелось, чтобы каждое стихотворение было предельным, пронзительным, беспощадным. В тот год я соотносила себя с поэзией, как потом старалась делать всегда — с предельной самоотдачей и напряжением души, работая не столько над текстами, сколько над самой собой: над тем, как я вижу и чувствую, над тем, как я умею ловить и воплощать ускользающее и несбывшееся, несказанное, не от мира сего. Это было время превращения моих детских стихов в стихи взрослые, время превращения из многообещающего подростка — в поэта.

Следующая наша встреча с Мартой была на вступительных экзаменах на философский. Марта взяла мой телефон и сказала, что мы с ней пойдем отмечать наше поступление ночной прогулкой с вином по летнему городу, но так и не позвонила. А потом мы встретились уже студентками, в разных группах, и стали общаться. Мы вместе ходили на окололитературные мероприятия, например, на вечера в клубе «XL», где Марта всех знала, а я никого. Марте нравилось срывать поэтические вечера, эпатировать и устраивать скандалы, и иногда я ее сопровождала в этих похождениях. Мы обе хотели друг перед другом казаться хуже, чем мы есть. Нам нравилось выебываться, и как мы выебывались — это отдельная история. Марта делала это очень красиво. А я наполняла эту трансгрессивную практику сложным духовным смыслом. Я считала, что это великое алхимическое делание, и это стадия работы в черном, этап нарушения социальных норм и конвенций, поэтому надо вести себя как можно отмороженней. Мне такая отмороженность давалась не очень просто, в чем-то приходилось ломать себя, но я полагала это необходимым для свободы души. У Марты был одногруппник Макс, он был геем старше нас лет на пять, у них были какие-то странные отношения: они всюду ходили вместе и явно были очень увлечены друг другом, но при этом вроде как не были парой в стандартном смысле слова. Марта любила геев, а мне со стороны казалось, что Макс ее любит. Мы часто ходили куда-то втроем. Иногда мне казалось, что Марта относится ко мне высокомерно и пренебрежительно, она нарушала любые договоренности, которые между нами когда-либо возникали, я получала от нее шпильки и ехидности в свой адрес, в том числе и по поводу стихов. Но меня к ней тянуло. Марта никогда не приходила вовремя ни на какие зачеты и экзамены, хотя знала все лучше всех. Во время экзамена она могла просто прогуливаться и курить внизу у факультета, лениво собираясь пойти и все сдать, но так в итоге и не доходила. Она была выше этого.

Той осенью на первом курсе, когда мне было еще семнадцать, в университете проводился конкурс молодых поэтов, и мы с Мартой решили принять участие. Мы отправили на конкурс свои стихи, и обе прошли в финал, но ни одна из нас не стала лауреатом. Мы участвовали в поэтических чтениях финалистов на философском факультете. Для меня это было одно из первых публичных выступлений. Я надела желтую кофту, гады и старалась читать как можно громче. И еще у меня были две косички. После этих чтений ко мне подошел один замечательный современный поэт, который был в жюри конкурса, и пригласил на свой спецкурс по современной поэзии на филфаке. Весной меня пригласили на первый в моей жизни фестиваль поэзии. Примерно в то же время я познакомилась с одним писателем и издателем, и он предложил издать книжку моих стихов, которая была уже собрана (однако та книжная серия так и не воплотилась в жизнь). С этого начался мой путь в литературе, стали появляться какие-то публикации. Однако я не была счастлива, я чувствовала сильное одиночество и потерянность.

В апреле Марта пригласила меня на свой день рождения, мы пили во дворике у дома Бродского, напились и стали целоваться, а ночью оказались на какой-то квартире и переспали. До этого я никогда не спала с девушкой. Я помню, как шла после этого утром, похмельная, мимо Фонтанки, на остатках весеннего льда играло солнце, и мне было так странно: и радостно, и немного страшно. Вечером Марта послала мне смс: «Должна ли я все забыть?» Я ответила: «Нет».

После этого мы были вместе. Мы были Рембо и Верленом, Ван Гогом и Гогеном, Оскаром Уайльдом и лордом Альфредом Дугласом. Мы ходили за руку, эпатировали публику, целовались в общественных местах, говорили о поэзии. За те полгода, что мы были вместе, трахались мы после того первого случая ровно три раза. Один раз у меня дома, после того, как мы напились дешевого дрянного вермута «Salvatore». Другой раз — перед моим отъездом летом на Украину. Мы готовились расстаться надолго и поехали на электричке куда-то в район Сестрорецка. В электричке мы по своему обыкновению целовались и всех шокировали, потом выпили водки в кафе у станции, оформленном под Дикий Запад, и отправились искать море. Почему-то мы довольно долго его искали, и в итоге нашли песчаный ветреный пустырь около залива. Вокруг никого не было, и я помню, как мы ласкали друг друга, было холодно, ветер бросал волосы на лицо, руки замерзли и плохо слушались, сознание было как будто спутанным — мы были сильно пьяны. Всюду был этот песок, пахло морем, длинные светлые волосы Марты были разметаны по песку, и это было какое-то хрустальное счастье.

Потом я уехала на Украину: вначале с мамой в Одессу в пансионат, потом поехала в деревню на Днестре, где жил тогда мой дед, летали аисты и всюду были разбросаны красные черепки трипольской культуры, медленно через Жмеринку и Винницу добралась до Киева. И всюду я изменяла Марте, если это можно так назвать, потому что мы никогда не имели в виду никаких договоров и обязательств, и изредка я получала от нее нежные и томительные эсэмэски. На Украине я была весела и счастлива, как редко бывало в жизни, потому что я путешествовала в одиночестве и бродила по зеленым холмам.

Потом я вернулась, и осенью у нас с Мартой был наш последний раз. Она пришла ко мне на ночь, грустная, и было понятно, что все у нас уже кончается. В тот период она уже все время динамила меня, не приходила на встречи, не звонила, игнорировала и отдалялась.

Казалось, нас еще разделяла моя растущая известность. Марта ревностно, страстно относилась к поэзии и, кажется, ревновала к ней меня. Когда же я рассказывала ей про каких-нибудь современных поэтов, с которыми я познакомилась или которые мне понравились — она жестоко высмеивала их. Она была замечательным поэтом, но уже почти ничего не писала. Для нее поэзия закончилась вместе с ее взрослением, с началом взрослой жизни, а я только и жила поэзией. Мы обе пошли дальше, пошли в разные стороны относительно того момента, когда мы, семнадцатилетние, стояли перед вратами в литературу. Я уходила по пути поэзии, пути туда-не-знаю-куда, у Марты оказался какой-то другой, несомненно интересный и прекрасный путь. Может быть, дело еще и в том, что Марта в своем жизнетворчестве, в своем представлении о себе опиралась на образ Артюра Рембо, бросившего писать в девятнадцать лет, и один из главных вопросов, который мы с ней всегда обсуждали, — это почему Рембо бросил поэзию. Возможно, и для Марты, для того, как она чувствовала поэзию и роль поэта, поэзия должна была оборваться к девятнадцати годам. И в ту ночь, в тот наш последний раз она спросила меня, как-то непривычно просто: «Как ты думаешь — ты могла бы меня полюбить?» А я не помню, что я ответила.

В ту ночь меня больше всего волновало, кончила она или нет. Она говорила, что кончила сто раз, но я сомневалась, а сама не могла понять. Марта тогда уже не училась на философском. Их с Максом обоих отчислили — они просто не явились на сессию. Впоследствии Марта получила другое образование и добилась больших успехов в гуманитарных науках, но, насколько я знаю, поэзией она больше не занималась.

Когда мы были вместе, мы любили сидеть под мостом. Обычно под Литейным. Так, под мостом, часто проходили наши дни, как будто мы какая-то парижская богема или отверженные. Мы бесконечно пили, но мне сносило тогда голову то, что сильнее вина. Мы сидели под мостом из вечера в вечер и смотрели на бледно-лиловые облатки заката над городом. Иногда мы приходили под мост после того, как закрывалось то самое кафе, в котором мы разговаривали в нашу первую встречу, и продолжали пить, понижая градус. Макс тоже неизменно был с нами. Мы целовались втроем: один долгий поцелуй на троих. Марту это забавляло. Иногда она требовала, чтобы целовались мы с Максом, а она смотрела. Я прижимала его к стене и целовала, потом закуривала. Марта клала голову мне на плечо, и мы смотрели на воду и в позднеоктябрьское небо, на Военно-медицинскую академию и Финляндский вокзал. В глазах у нас стоял туман, а если прищурить глаза или закрыть — можно было увидеть все, и то, чего нет, — увидеть Неву как Луну: мелкий, серебристый, рябой ландшафт. И тогда казалось, что мы в летательном аппарате, летим сквозь Космос. Марта, это Луна, неужели ты не видишь? Мы трое сидели под мостом, ночь падала на наши головы, город шумел, и горели его огни. Теперь уже я клала голову Марте на колени. И видела небо, так мало похожее на летнее небо в украинской деревне, когда я валялась в поле вместе с сыном бывшего деревенского головы и думала, что сын бывшего деревенского головы прекрасен, трава серебряная, а земля находится в межзвездном пространстве.

Той осенью у меня был вечер в «Платформе», мой первый сольный вечер, и я полтора часа с упорством, заслуживающим лучшего применения, читала свои стихи наизусть, потому что думала, что читать по бумажке неприлично, и еще не знала, что все так делают. После вечера я сидела за столиком со взрослыми серьезными поэтами, и мне говорили, что я большой поэт, и официант подошел и поднес мне бокал вина — сказал, что мне попросили передать, и указал, с какого столика. Я посмотрела туда и увидела Марту и Макса, они сидели отдельно, помахали мне, но не стали к нам подходить. Вино было сладко-горьким. И больше мы не виделись.

Пред вратами

героям моих грез

На кухне варилась рыба коту, я пила чай с запеканкой.

У мамы в то время только закончился роман с Бобом, уродом, гадом, шестидесятичетырехлетним американским миллионером. Это он — глава международного терроризма, так он писал маме в чокнутых письмах. «Когда я плачу, я хозяин».

С Люськой мы дружили с первого класса, но все время ссорились. У Люськи светлая толстая коса до задницы, голубые глаза. Я считала ее материалисткой. Я была еще нецелованная в мои двенадцать, а Люська успела этому научиться летом в деревне еще в одиннадцать. Она называла это *сосаться*. С Юсей мы тоже дружили с первого класса. С парнями мы не общались, и те чувства, которые должны были обратиться на лиц противоположного пола, у Юси с Люськой направились на меня. Они страшно ревновали меня друг к другу:

с кем я села, к кому подошла, брали меня за руки и тянули в разные стороны. У Люськи от этих переживаний поднималось давление, и ее увозили в больницу.

Была еще Мариша Ч. в шерстяных колготках и с тощей русой косой. Бабушка не отпускала ее от себя ни на шаг, потому что мама ее, как говорили, рано залетела, и бабушка не хотела, чтобы Мариша повторила ее судьбу. Мариша занималась музыкой и карате, периодически выходила в отличницы, а после школы бабушка всегда несла ее ранец до дому. Нам Мариша неоднократно показывала любовные письма, которые ей якобы писали мальчишки в классе. Вначале мы не верили, что они настоящие, но однажды она зачитала письмо от одного умного толстого мальчика, и там было написано, что он узрел в ней воплощение вечной души России. После этого я поверила. Тогда же, в седьмом классе, Мариша стала нам рассказывать, что она лесбиянка, вернее, бисексуалка, что у нее есть одновременно девушка и парень. Все разговоры стали у нее сплошь про лесбиянок и геев, и она стала слушать песни Бориса Моисеева и Шуры. Об этом прознали старшеклассники и стали над ней издеваться. После чего произошло родительское собрание, на котором разбиралась тема Маришиной гомосексуальности, и наш завуч и учительница математики Ольга Васильевна, мудрая и строгая женщина, сказала, что ориентация — личное дело каждого человека. По крайней мере, так мне передали, и за что купила, за то и продаю.

На тринадцатилетие мне подарили чуть-чуть денег, и на них я купила пустую кассету и серьги. Гостей, правда, не было. В прежние годы приходили девочки: Люська, Юся, Наташа, Аня, Вика, Карина. Нежная Карина с родинкой у рта для меня ассоциировалась с Ассоль: она тоже ждала своего принца, верила в фей и Деда Мороза. Я по-своему тоже верила, но считала, что в отличие от Карины я отделяю правду от лжи, а Карина верила во все буквально. Четырнадцатилетняя Наташа была моей троюродной теткой и дачной подругой. Она тоже уже *сосалась*. Анечка маленькая была моей дачной подругой — самой любимой — но два года назад они перестали приезжать на дачу, потому что Анин дедушка развелся с Аниной бабушкой и женился на женщине, которая не пускала Аню на дачу и вообще проявила себя. На даче нас было четверо подружек: я, Аня, Наташа и Надька, но Надька ко мне на детские дни рождения не приходила. Два последних лета в нашей дачной компании появились и парни, с ними мы устраивали костры в лесу за станцией. Правда, я на таком костре была только однажды: когда я ехала туда во второй раз, стоя на багажнике Надькиного велосипеда, я наткнулась на дедушку, и он снял меня с багажника и за уши отвел домой. На даче мне не разрешали долго гулять по вечерам, в самом лучшем случае во время белых ночей я должна была возвращаться в десять. Мне немного нравился Димка с Приозерской, у него был мопед, и мы с ним при встрече всегда здоровались, хоть и не были знакомы.

«В тринадцать лет раньше на Руси замуж выдавали, — сказал мне по телефону дед Андрей, — желаю тебе счастливой юности! Делаешь ли ты уже макияж?» Я не делала ни макияжа, ни уроков.

В прошлой жизни у меня был брат, — думала я, — но в этой жизни он не смог родиться, так как мама сделала аборт. Но я ее не осуждала: зачем ей был второй внебрачный ребенок?

Много лет я любила Сашу. Это был парень, подросток, старше меня, сирота, мальчик поразительной красоты. О моей любви к нему не знала ни одна живая душа. Я не помню ни одной черты его лица, но знаю, что никого краше него я не видела до сих пор. Мне было восемь лет, я мечтала, что я лежу в глубоком обмороке на улице, где стоит его дом, а он меня подбирает, берет на руки и относит к себе домой.

В шестом классе я увидела Игоря, который учился в девятом, и меня поразило, как он похож на Сашу. Это был почти Саша, но у Саши волосы были, наверное, русые, и глаза, наверное, светлые, а Игорь был черноволосым и зеленоглазым. Игорь был смугл, а Саша был бледен, но из-за того, что он напоминал мне Сашу, я в него влюбилась. Мама подарила мне энциклопедию для подростков, и там была приведена поговорка: «Нет лучше игры, чем в переглядушки». Этим мы и занимались целый год, так и не познакомившись, пока он не закончил девятый класс и не ушел из нашей школы. Несколько раз Игорь подходил ко мне, видимо, с тем чтобы со мной познакомиться, но в эти моменты я страшно пугалась, все мои взгляды и движения говорили «не надо», он не решался, и тогда на расстоянии я снова посылала ему взгляды любви. К концу учебного года я стала подозревать, что он уйдет из школы в техникум и я его больше никогда не увижу.

Мне приснился сон, что мы гуляем вместе, но он должен куда-то уезжать, и перед расставанием он спросил меня, хочу ли я быть его любовницей.

Люська с Юсей в седьмом классе стали бегать за девятиклассниками Даней Извозчиковым, Андреем Яновским и Ильей Никифоровым. Я делала вид, что мне они тоже интересны, чтобы у нас были общие темы.

Отец приехал ко мне на выходных после моего дня рождения и привез мне парфюмерный набор Palmolive — молочко для тела, шампунь и мыло. Взрослые умудрились три часа говорить о политическом кризисе. Отец говорил, что его немецкие коллеги зовут его на постоянную работу в Германию, а я думала про себя, что нельзя уезжать, потому что Россия спасется и спасет мир. «Земля сошла с оси, — думала я. — Экономика в корне неправильна. Люди забыли, что они братья. Горе нам!»

Я читала священные книги разных народов, философские и мистические трактаты вперемешку с дешевой эзотерикой и нарисовала в большой тетради карту трех миров: материального, астрального и духовного, под которым имела в виду внутренний мир. В материальном мире находились планеты, звезды, вода, воздух, земля, огонь и эфир с населяющими их организмами. В астральном мире находились астральные планеты, звезды, вода, воздух, земля, огонь и эфир, их хранители и населяющие их сущности, а также астральные двери, ангелы и архангелы, души людей, разные существа, эгрегоры и книга знаний. Духовный-внутренний мир я нарисовала в виде огромной человеческой головы, в которой были разные разделы: «сознание», «подсознание», «любовь», «память», «уровень духовной красоты», «таланты», «личность», отдел, отвечающий за сексуальность и семейную жизнь, отдел генетического наследования, отдел психических травм, отдел интуиции и отдел, который я назвала просто «Искра Божья».

Вечером я лежала в кровати, а мама, повернувшись ко мне спиной, работала за секретером. Таковы были все вечера, год за годом, в нашей общей комнате. Горела настольная лампа. Окна занавешивали тусклые оранжевые шторы, а на красном ковре цвели плоские черные цветы. Рядом со мной лежала книга Драйзера «Американская трагедия». Я думала о том, есть ли Библия на других планетах, и, если есть, такая же ли, как у нас, или немного другая?

Летом за нами с Надькой по всему поселку гоняла тачка — желтый жигуль. Там были парни, которым нравилось нас пугать тем, что они нас затащат в машину и увезут на озеро. Мы с громким визжанием от них убегали, а Димка с Приозерской все видел и после этого стал смотреть только на нас и при встречах махать мне рукой. Один раз мы с Надькой намазали губы помадой и гуляли, а он с другом ехал на мопеде. И они нам крикнули: «Привет, красавицы!»

Все вечера мы сидели на пруду, что на обочине шоссе, — оттуда видны все парни: Жека с сигаретой, Серый, Ванька, № 1 и № 2, и все, кто вечером ошивается на шоссе. Мы там в картишки дулись. Еще у нас было развлечение: тормозить проезжие машины. Как-то мы с двумя Надьками сели на шоссе в подобие позы лотоса. Так мы познакомились с двумя мотоциклистами: № 1 и № 2. Они потом, проезжая мимо нас, все время посылали нам воздушные поцелуи вперемешку с факами.

У меня были две сигареты, — одна чуть сожженная, и зажигалка. Одну сигарету мне летом подарил Жека, другую Люська, а зажигалку купила я сама. Сигарету, подаренную Люськой, мы решили выкурить в подъезде. Люська сделала три затяжки, а я попробовала только одну, но ничего не почувствовала, потому что пришлось срочно тушить сигарету, — кто-то вошел в подъезд. Дома я хранила эти две сигареты в потайном отделении моего старого портфеля.

Люська, вернувшись из больницы, рассказала мне о парне, с которым она там познакомилась и который пытался ее изнасиловать или, по крайней мере, поцеловать. В школе мне рассказали сплетню, что Яновский пригласил к себе домой Лену Бахтину, чтобы поебаться. Но когда она пришла, в самый последний момент у него не встал.

Когда меня оставляли в покое, я исписывала стихами тетрадь за тетрадью.

«Если бы все люди увидели друг друга в истинном свете, они мгновенно побежали бы извиняться друг перед другом и обниматься», — думала я. Когда я лежала и слушала музыку, меня касался луч света, и мне хотелось пожертвовать собой для человечества. Когда я не знала, как поступить, я спрашивала себя: а как поступил бы ангел?

Летом мы с мамой и Бобом ездили на Невский. Мы взяли себе такси на всю дорогу, а в конце поездки собирались идти на «Лебединое озеро». Я была одета во все белое: вельветовые брюки и блузку, а мама была одета по-спортивному. Такси нас ждало, а мы пошли в автопарк на Конюшенной площади, чтобы мама переоделась. И вот, выходя из автопарка, я увидела черную длинную машину, а в ней молодого человека. Он был уже взрослый — старше двадцати, но, наверное, младше тридцати лет. Он был невероятно красив. Молодой человек смотрел на меня, не отрываясь, и я полюбила его с первого взгляда. Мы подошли к такси, и мама с Бобом и водителем начали болтать, а я стояла снаружи и смотрела на него, время от времени отводя глаза. Но он ни разу не отвел глаз. Потом он, не отводя глаз, стал выходить из машины. Увидев, что он идет ко мне, я испугалась, — мне было только двенадцать. И я юркнула в наше такси, а через несколько секунд снова вылезла и увидела, что он опять в машине и смотрит на меня. Потом мама с Бобом решили отпустить такси, и мы пошли в сторону от его машины. Я последний раз обернулась и увидела, что он машет мне рукой, тонкой и красивой, как у принца.

В седьмом классе мне разрешали ходить в школу одной, но бабушка обязательно спускала меня на лифте и выводила из подъезда, и, с ее слов, подъезд казался мне местом грабежей, убийств и тусовок наркоманов.

В школьном коридоре Мошинков из 9-го Б сказал Люське: «Я тебя хочу», — и заржал.

Люська рассказала мне, что ее бабушка думает, что Люська переспала с половиной школы, будто Люська спит со своим отцом, и даже будто у меня есть мужчина.

Впервые со мной пытались познакомиться, когда мне было десять лет. Мы с бабушкой и дедушкой поздним вечером возвращались из гостей и шли по переходу метро. На мне была куртка, а из-под нее торчала нарядная серебряная юбка, и волосы, длиной ниже пояса, были распущены. Я немного отстала от своих, и за мной пошел парень-грузин и сказал: «Дэвушка, повернысь, апельсин дам». Я повернулась, и он сказал: «Кра-а-асывый деэвушка!» Люська, узнав об этом, потом целую неделю заставляла меня повторять этот рассказ во всех подробностях.

В поликлинике мне прокололи вену на одной руке, но кровь не шла. Прокололи вену на другой руке, и там тоже не шла. Так и не смогли взять кровь на анализ.

Я просыпалась с мыслью: «Опять вставать?» и засыпала с мыслью: «Опять спать?» Я думала, что мне скучно жить, и жила из чувства ответственности и с надеждой на будущее.

Четырнадцатого декабря девяносто восьмого года на улице был мороз минус двадцать один. Бабушка пыталась заставить меня есть гречневую кашу, я отпиралась, потому что и так ела кашу каждый будний день и мне было обидно есть ее еще и в выходной день, и бабушка, сказав: «На нас с дедушкой не рассчитывай, мы уходим!», хлопнула дверью. За день до этого, когда мы с бабушкой поссорились, она на меня жаловалась маме с дедушкой и кричала как можно громче, чтобы я все слышала, видимо, желая, чтобы я расплакалась и стала просить прощения: «Эта дрянь меня не слушается! Хамка! Надо наказывать! Смотрите, что у вас выросло!» Тогда я вошла и рассмеялась ей в лицо.

Бабушка говорила про меня: «Я еще не встречала ребенка с таким ужасным характером!»

На досуге я часто листала наши фотоальбомы и придумывала по фотографиям истории и сказки. Была целая серия фотографий меня в девятилетнем возрасте в бальных платьях и с прическами старинных дам. Маме нравилось делать из меня куклу, она красила мне лицо, сооружала замысловатые прически из моих длинных волос, обряжала меня то в голубой гипюр, то в розовый атлас, то в золотую и серебряную парчу. Одно из платьев мама привезла из Франции, другое сшила на заказ, а несколько были ее собственными вечерними платьями. У мамы были накладные золотые локоны, и она прикрепляла их к моим темным волосам. Позировала я и в ее многочисленных блондинистых париках, и с голыми ножками и на каблуках, с лукавым взглядом и яблоком в руке. Серия фотографий «мечта педофила». На следующих фотографиях я в двух «деловых» бархатных костюмчиках, красном и голубом, в неприлично короткой юбке с пышным белым жабо на блузке и в блестящих серебряных лосинах.

Эти костюмчики мне купила мама и сказала, чтобы я в них ходила в школу каждый день. Это был второй класс. Костюмчики были красивые, но ходить в них мне было стыдно из-за этих коротких юбок, блестящих лосин и жабо. Но делать было нечего, и я ходила в них, еще больше замыкаясь от одноклассников, стараясь не обращать внимания на их насмешки и замечания учителей, которые запрещали приходить в школу в лосинах. Я верила маме, что костюмчики красивые, учительницы — совковые синие чулки, а другие девочки просто мне завидуют. Так я и приходила в класс, вся нелепо, кукольно, непристойно красивая, садилась за парту и смотрела отсутствующим взглядом в никуда. Дальше шли фотографии с дачи: я в беседке, в кустах, залитая солнцем, я на велосипеде, я с мамой, я у озера, я с Наташей и Надей, потом дедушка с бабушкой, дядя Алеша, баба Беба, Бедя, Кораблевы, Богдановы, тетя Лена, мы с мамой в Ботаническом саду, в парке ЦПКиО, годовщина свадьбы бабушки с дедушкой, Новый год у Кораблевых, мамины друзья, мама с Собчаком, мама с зампредседателя ООН, мама с длинными серьгами в золотых, серебряных, декольтированных летящих платьях, мы с папой на моем десятилетии, в день нашего с ним знакомства.

На улице со мной кокетничали мужики-водопроводчики, а сзади шли Люська с Пятковой и все слышали.

На стыке веков я загадывала о конце света, ставших крестом планетах и сошедшем с неба короле ужаса, который воскресит великого короля Анголмуа и будет он царствовать.

Мы встречали девяносто девятый год. Слушали Ельцина, бой курантов, смотрели «Голубой огонек». Я выпила один бокал шампанского и полторы рюмки кагора. Перед Новым годом я в первый раз в жизни проэпилировала ноги, вернее, мне их проэпилировала мама, и это была самая сильная физическая боль, которую я на тот момент испытывала в жизни. Я исцарапала себя ногтями и вся вспотела.

Наташа, чуть шевеля длиннющими накрашенными ресницами, рассказала, что уже завела себе парня по имени Илья, который учится с ней в параллельном классе.

Иногда мне казалось, что моя бабушка меня ненавидит, хотя я знала, что она меня любит, и она часто говорила: «Так как мы, тебя никто никогда любить не будет».

В день родительского собрания я ждала маму в школьном вестибюле, и пришел Андрей Яновский. Я читала учебник литературы, но из-за присутствия Яновского не смогла сосредоточиться, взяла учебник геометрии, повертела его и тоже убрала. Тут Яновский сказал: «Ты давно в этой школе учишься?» — «С первого класса. А что?» — «А я тебя раньше не видел». — «Не видел?» — «До этого года». — «А я тоже тебя не видела…» — «Ты в 8-м классе учишься?» — «Нет, в 7-м. Но мы учились с 4-м». — «Мы тоже». — «А что ты здесь делаешь?» — «Переписываю физику». — «А у нас родительское собрание». — «А у нас не было. Ну ладно, пока». После этого разговора я долго гадала, будем мы теперь с ним здороваться при встрече или нет.

У Яновского было прозвище — Огурец.

Боб разместил в Интернете фотографии моей матери в пеньюаре и написал, будто бы она проститутка, и указал ее электронный адрес.

В то время я, ничего не зная ни о Шлейермахере, ни о герменевтике, совершила великое открытие того, что у каждой книги есть много смыслов. Пять выделенных мной смыслов книги назывались так: «Буквальный», «Мораль», «Происхождение книги — переживания автора», «Расшифровка» и «Истинный Обобщающий Смысл». Причем «Происхождение книги» и «Истинный Обобщающий Смысл» трансцендентны. Так, в «Аленьком цветочке» буквальный смысл — история о купеческой дочери и чудище, мораль — сила любви превращает уродливое чудище в прекрасного принца, а расшифровка, взятая мной из какой-то статьи в «Комсомолке», подразумевала то, что чудище — это Россия, которая скрывает свою прекрасную царственную сущность под уродливым обликом.

«Что такое аленький цветочек, краше которого нет на свете?» — написала я в тетради жирной ручкой и обвела три раза.

«Это абсолютный максимум и минимум Николая Кузанского», — шепнул мне через годы голос философа Коли (не Кузанского).

И всю свою жизнь я буду рассказывать вам, что это такое.

В то время мне было еще не безразлично, кто сел рядом со мной в метро, улыбнулся ли мне продавец-консультант, подмигнул ли охранник.

В этом мире были только две сигареты, спрятанные в старом портфеле, и в них было больше блаженства, чем во всех сигаретах, которые я могла бы выкурить за свою жизнь; один бокал шампанского на Новый год, и в нем было больше блаженства, чем во всем алкоголе, который я могла бы выпить за свою жизнь. Головокружительная энергия была спрессована в бесчисленных «нельзя». Это было время ногам подкашиваться от любви к тому, с кем мы даже не были знакомы, время рукам не знать, какую протянуть при встрече, время волосам быть такими длинными, что в них могли завестись крокодилы, время, когда попытка знакомства, попытка поцелуя и попытка изнасилования равнялись между собой, как бывает у маленьких девочек и престарелых девственниц. Такими мы были: умеющими питаться светом, с детскими снами в утренних глазах, с горечью и надеждой, и с нестерпимой жаждой свободы, в летний полдень, в зимнюю полночь, входящие во врата храма с надписью «НЫНЕ ЭТО ДОЗВОЛЕНО».

Любить как никто

Пятнадцатилетняя Полина набрала на домофоне номер квартиры. Было полдесятого вечера, весна.

Через пять минут вся белая, с окаменелым лицом в подъезд спустилась бабушка в сером демисезонном пальто, накинутом поверх домашнего халата, накинутого, в свою очередь, поверх ночной рубашки. Полине нельзя было одной заходить в подъезд и подниматься на лифте.

Бабушка ответила на приветствие Полины кивком и многозначительно не разговаривала с ней во время подъема на лифте. Казалось, она едва сдерживается, и резкая окаменелость ее черт — следствие усилия, попытки оттянуть момент, когда она не выдержит и закричит на Полину. Когда Полина пыталась посмотреть ей в глаза, чтобы понять, что происходит, бабушка отворачивала взгляд, чтобы не вспыхнуть раньше времени.

Когда они вошли в квартиру, на пороге фигурами немого осуждения стояли дедушка и мама. Бабушка завопила:

— Я больше не могу! Она меня изводит! Делает все, что хочет! Увольте меня!

Дедушка сказал Полине:

— Ты живешь с нами и должна учитывать наши интересы. Бабушка не может, чтобы ты поздно возвращалась. Ты учитываешь только свои интересы, так нельзя.

— Блин, но ведь вы мне разрешили гулять до десяти… — попробовала оправдаться Полина.

— Это когда ты очень просила. Но сегодня ты ушла и не сказала, во сколько придешь. И мы поняли, что до девяти. Бабушка чуть не умерла!

— Я чуть не умерла из-за этой паршивки! Без пяти девять, девять, девять ноль пять, девять пятнадцать — а тебя все нету! — кричала бабушка.

— Пришлось дать ей два успокоительных, — продолжал дедушка. — Больше никуда не будешь ходить по вечерам! Все! Наказана!

— Как — никуда?! Почему — никуда?! Что я такого сделала?! — Полина теряла самообладание.

— Нужно щадить бабушку и дедушку! Им немного осталось! — подбавила масла в огонь мама.

— Но нужна же мне хоть какая-то свобода! Я так не могу! — уже кричала Полина.

— Свобода — это осознанная необходимость, — сказал дедушка.

— Чушь! — завопила Полина.

— Это человек поумнее тебя сказал, — возразил дедушка.

— Хватит надо мной издеваться! — визжала Полина.

— Посмотрите, что у вас выросло! Хамка! Дрянь! — кричала бабушка. — Она неподконтрольна! И для кого это все? Зачем приличной девочке эти вечерние гулянья? Для этих? Для этих шкетов твоих плюгавых? Козлов поганых? Этого твоего водопроводчика? Они тебе нас дороже! Это у них ты так вести себя научилась? Я таких, как ты, дерзких, никогда не видела! Ты нас в гроб сводишь! Ты приближаешь нашу смерть! А зря! Тебя никто так, как мы, никогда любить не будет! Кому ты нужна! Мы умрем — тут-то ты и поплачешь!

Тут выскочил из своей комнаты Полинин дядя Андрей и заорал, обращаясь к матери Полины:

— Лена, переезжайте на ту квартиру! Сколько уже можно! Если будет еще один скандал, я уйду из дому! Мне, в отличие от вас, дорого здоровье моей матери, и я не могу смотреть, как твоя дочь ее изводит! Несладко тебе там будет вдвоем с Полиной! Все, кто живет с Полиной, обречены на растерзание! Я хотел бы, чтобы Полина жила где-нибудь в Москве, в полной изоляции от нашей семьи!

— Достали! Достали меня, не могу! Хватит! — истерично завопила Полина. — Провалитесь вы все пропадом! И, громко рыдая, убежала в ванную и там заперлась. Включила теплую воду, смотрела на струйки текущей с ресниц туши в большом, в сухих крапинках зубной пасты, зеркале, грела кисти рук и вся сотрясалась от рыданий. Но даже сквозь шум воды, ор в коридоре становился все громче.

— Она сумасшедшая! — кричала бабушка. — Ее нужно лечить!

В ванную ломились. Дедушка кричал:

— Открой! Открой немедленно! — и расходился все громче и громче.

— Открой немедленно, или я сейчас же выломаю дверь!

— Дайте мне успокоиться, я потом открою! — просила Полина.

— Открой сию секунду! — кричал дедушка, приходя в раж.

Испугавшись за дедушку, Полина открыла, и он вломился в ванную с какой-то таблеткой и стаканом воды.

— Выпей! — приказал он.

— А что это? Не хочу таблеток! — сказала Полина, вся красная и сморщенная от слез.

— Это успокоительное. Пей!

— Но я не хочу, я и так успокоюсь, — ответила Полина, но дедушка уже ничего не слушал, кинулся к Полине, и, несмотря на ее ожесточенное сопротивление, силой открыл ей рот и стал вталкивать туда таблетку.

— Не хочу таблеток для сумасшедших! — сорвавшимся голосом попыталась крикнуть Полина, закашлялась и проглотила, онемев от ужаса.

Немного успокоившись, дедушка сказал Полине:

— У тебя ужасный характер! Ты не умеешь контролировать свои эмоции! Ты не права, и должна перед бабушкой извиниться.

Бабушка уже лежала в постели, укутав больную голову в шерстяной платок, маленькая и беззащитная, и пахла лекарствами, вся какая-то ослабевшая после этой сцены.

— Бабушка, прости меня, пожалуйста, — сказала Полина и поцеловала ее в лобик, который она как-то совсем по-детски, простодушно подставила.

Полина легла калачиком в своей комнате и тихо всхлипывала. Пришел дедушка, обнял ее, поцеловал и сказал:

— Ну все, все. Ты же знаешь, мы тебя очень любим и за тебя волнуемся. Ты не сердись на нас.

У него дрожали руки, а после он пошел на кухню и сам пил успокоительное.

Полина снова стала плакать, ей было жалко дедушку с бабушкой, жалко, что она портит им здоровье и приближает их смерть. Она лежала, плакала и думала, как она их любит, и вдруг почувствовала, что на нее накатывается волна большой-большой и совсем бездонной, ласковой и душераздирающей любви, и от этой любви хотелось плакать еще больше. В этот момент вошла мама, увидела, что Полина снова плачет, и спросила: «Что, ненавидишь свою семью?»

Бедя

Она была дитя любви, и звали ее Изабелла, в честь матери. Но все называли ее Бедя. Моя бабушка еще называла ее Геша. Гешей она сама себя прозвала, когда была ребенком, но никто, кроме моей бабушки, уже этого не помнил. Бабушка была ее старшей сестрой по матери, а мне, соответственно, Бедя приходилась, как это обычно называют, двоюродной бабушкой, а я ей внучатой племянницей, в общем, не самое близкое родство.

Она была толстой, со снежно-белыми волосами, подстриженными горшком, с щетиной на подбородке, и вся тряслась. Еще у нее была съемная челюсть, и она хранила ее в ванной и надевала, чтобы поесть. Говорят, она не всегда была такой. Я видела ее юношеские фотографии: хорошенькую чуть-чуть пухленькую светловолосую девушку пятидесятых годов. Знаю, что в молодости она ездила с родителями по советским республикам и некоторым странам Восточной Европы, они привозили оттуда сувениры, кукол в национальных костюмах, разные памятные мелочи, которыми была заполнена ее комната. Ее отец, Николай Васильевич, был директором разных театров и домов культуры, долго возглавлял ДК Ленсовета на Петроградской, где сейчас даже открыли маленький музей его памяти. Бедя росла в театральной среде, ходила на все премьеры, знала артистов. Вместе с родителями и большими веселыми компаниями их друзей они с моей бабушкой в юности постоянно ездили отдыхать на море в Абхазию, в Леселидзе. Старшая Изабелла, Бедина мать, была очень яркой, властной и эксцентричной женщиной, и, к слову сказать, начала сексуальную революцию в Советском Союзе, организовав фирму «Невские зори», которая одной из первых в советское время стала заниматься семейным консультированием. У нее работали ведущие специалисты в этой области — Свядощ, Цирюльников и другие. Она очень любила и от всего оберегала младшую дочь, старалась все время держать ее при себе. Бедя была робкой, пугливой девушкой, боялась и сторонилась мужчин, а если кто-то где-то начинал оказывать ей знаки внимания, на горизонте появлялась защитница-мать.

В детстве я неоднократно слышала, как бабушка с дедушкой называли Бедю «несчастным человеком» и при этом печально вздыхали. До поры я не понимала, в чем именно несчастье Беди. Она жила тогда по-прежнему со своей матерью, моей уже престарелой прабабушкой, и я знала, что Бедя прожила с ней всю жизнь. Иногда меня отводили к ним. У них был какой-то особенный запах в квартире, скорее приятный, и много старинной мебели: желтое туалетное зеркало и шкаф, пуфик рядом с кроватью на изогнутых ножках. Мне нравилось рассматривать сувенирных кукол, старые книги, альбомы с черно-белыми фотографиями, на которых много незнакомых веселых людей на пляже, и иногда мелькают лица молодых прабабушки с прадедом или совсем юной бабушки. Меня неизменно угощали чаем с полярным тортом и печеньем курабье. В основном я общалась с прабабушкой, а Бедя была просто фоном, как бы приложением к ней, и все больше уходила полежать в свою комнату. Прабабушку я любила, а Бедя… с ней было что-то не так… Она была не такая, как другие взрослые, как будто на самом деле она была не взрослая, а тоже ребенок, и иногда говорила что-то непонятное и обидное. Кажется, когда я была маленькая, я спросила у нее, почему у нее такие белые волосы или что-то такое, а она вдруг очень обиделась и в ответ сказала мне какую-то гадость про мою внешность. Мне показалась очень странной эта неподдельная обида от взрослого человека и гадость в ответ — как будто мы разговаривали абсолютно на равных, как двое маленьких детей, и она была чуть ли не младше меня. Когда она обижалась, например, во время разговоров с моей бабушкой, она начинала вся трястись, выглядело это страшно, и мне казалось, что с ней просто надо быть вежливой, но поменьше общаться — вдруг ей что-то не понравится, она обидится, начнет говорить гадости и трястись.

Потом мне рассказали про Бедю следующее. Когда ей было девятнадцать лет, она с другими студентами поехала «на картошку», и там вдруг разделась догола, начала бегать и кричать непристойности. Вызвали родных, увезли ее и положили в психиатрическую больницу. Благодаря связам родителей, ее лечил какой-то лучший психиатр того времени, который «весь театральный Петербург в руках держал». Он назначил ей сильные лекарства и сказал: «Надо спасать голову». Потом эти приступы еще повторялись. Бедя слышала голоса, неоднократно лежала в психиатрической больнице. Основными препаратами, которые она принимала в течение жизни, были галоперидол и соли лития. Постепенно она стала толстой, начала трястись. Мне говорили, что заболевание было связано у нее с подавленными сексуальными желаниями — не зря она раздевалась и кричала непристойности. Почвой для его развития было воспитание и давление со стороны матери. Так или иначе, но сексуальным желаниям суждено было оставаться подавленными всю жизнь. Ни одной прогулки за руки под Луной. Ни одного поцелуя. Ничего этого не было в жизни Беди. И она жестоко, отчаянно завидовала тем, у кого это было. Из-за болезни она стала бояться и сторониться мужчин еще больше. Лечение помогло: она осталась членом общества, доучилась в Лесотехнической академии, всю жизнь работала инженером на предприятии. Но всю жизнь ее мучили эти нереализованные сексуальные желания. Иногда она чувствовала, что начинает думать о каком-то мужчине, например, из сослуживцев, ее начинает тянуть к нему, или кто-то просто был с ней добр, улыбнулся, пошутил, поздравил с 8 Марта, — и параллельно с пробуждающимся сексуальным желанием в ней усиливалось ее заболевание, нарастали голоса в голове, и я не знаю, что именно такое гадкое, непристойное они ей кричали, но неизменно каждое проявление интереса к мужчине приводило у нее к обострению, и все ее половые чувства в зачатке глушили галоперидолом.

Иногда я думаю о том, что в наше время судьба Беди могла бы сложиться иначе. Более мягкие препараты, психотерапия, психоанализ… Может быть, она в какой-то степени жертва советской психиатрии, несмотря на то что ее лечили лучшие психиатры? Бабушка с дедушкой намекали мне на это. Беде был поставлен диагноз «шизофрения», притом какая-то форма, которая протекает с маниакальными и депрессивными периодами, как биполярное расстройство. Благодаря лечению она сохранила разум, но стала инвалидом. Можно ли было этого избежать? Если бы кто-то помог ей, если бы она смогла разобраться в себе, перестать подавлять естественные чувства, перестать бояться матери? Если бы не назначили ей сразу же галоперидол, не поставили бы сразу диагноз «шизофрения»? Если бы она начала жить одна, встречаться с мужчинами, ходить к психоаналитику? Я не знаю. Получилось так, что очень рано она стала инвалидом, и дальше всю жизнь прожила под крылом у опекающей матери, даже не пытаясь предпринять никаких вылазок на свободу. Возможно, она ждала, что появится прекрасный принц и полюбит ее, что каким-то образом это произойдет само и в жизнь придет эта самая мужская любовь, которая была ей так нужна. Но прекрасный принц не появлялся. Как-то раз мы сидели с ней на кухне, Бедя слушала, как обычно, радио, играла какая-то песня про то, что любовь придет нежданно-негаданно, и тут Бедя вдруг сказала с горькой усмешкой: «Шестьдесят лет идет, и до сих пор идет».

Когда моя прабабушка умирала, а до этого долго была в старческом маразме, Бедя укоряла ее. Всегда заботливая, послушная, обожающая мамочку дочь вдруг стала жестоко припоминать умирающей свои давние обиды. Прабабушка стала слабой, беспомощной, ничего не понимала, и Бедя припомнила ей, как когда-то она выбросила котенка, которого Бедя в детстве подобрала. Всю жизнь у Беди болела душа об этом выброшенном котенке, но она смогла сказать о нем умирающей матери только за несколько дней до ее смерти.

Бедя осталась одна и так жила какое-то время, от одиночества и безделья звоня моей бабушке по пятьдесят раз на дню, пока не произошло нечто, очень Беде не понравившееся. Мы с мамой переехали к ней. Мы всегда были прописаны в их с прабабушкой квартире, и, когда мне исполнилось шестнадцать, бабушка не смогла больше со мной жить, и было решено нас с матерью отселить. Отселять было недалеко — в соседний дом. Но Бедя была не в восторге, и, хотя мы официально были такими же хозяевами квартиры, как и она, воспринимала нас как каких-то понаехавших приживал, незаконно посягнувших на ее собственность. Дальше пошли годы тяжелого совместного проживания. Я всегда старалась общаться поменьше, но иногда Беде самой хотелось пообщаться. Обычно в таких случаях она приходила и начинала проверять мою эрудицию: знаю ли я таких-то советских артистов, таких-то художников? Я, разумеется, не знала. Тогда она приносила мне посмотреть художественные альбомы, которых у нее было огромное количество. Зная, что я пишу стихи, она иногда приносила мне и показывала какие-то вырезки с девичьими стихами из советских журналов. Эти стихи ей нравились, находили отклик в душе, и она когда-то сама их вырезала. Были среди вырезанных стихов и стихи Кушнера, который ей тоже нравился. Всю жизнь она хранила стихотворение, которое написал ей как-то ко дню рождения Александр Георгиевич Кутузов, сосед по даче и сослуживец ее матери. В этом стихотворении он назвал ее «эта темная блондинка».

Для Беди очень уязвимой, болезненной сферой было все, что связано с женской сексуальностью. Я не щадила ее: водила любовников, разгуливала голая по квартире. Бедя оскорбляла меня постоянно, во время случайных встреч на кухне и в коридоре. Любая встреча могла обернуться какой-нибудь сказанной в мой адрес гадостью. Я выходила из душа, завернутая в полотенце, а Бедя, увидев меня, тряслась и кричала: «Думаешь, ты красивая? Очень ошибаешься!» Про всех моих молодых людей она подозревала, что они хотят ее изнасиловать. Помню, как она не разрешала звать водопроводчика, потому что считала, что он влюблен в нее, и боялась его домогательств. Она считала, что в нее влюблен соседский дед, часами курящий у мусоропровода — с ее точки зрения, он ошивался там в ожидании, когда она пойдет выносить ведро. Как же она нервничала, волновалась, тряслась, как билось сердце, когда она видела мужчин!

Мне кажется, что Бедя была по-своему доброй. Обидчивой, капризной, инфантильной, но по-своему доброй. Она очень любила и жалела котов, и когда наш кот болел и умирал — очень переживала и даже плакала.

Ко мне она тоже иногда бывала добра, ласково разговаривала, сочувствовала чему-то. Если где-то что-то плохое случалось, она всегда очень сочувствовала чужой беде. Иногда она приходила с явным желанием близости, понимания, душевного разговора, но все у нее было неровно, и через полчаса она уже могла озлобиться и говорить гадости.

Как-то раз она пришла ко мне в комнату, принесла какие-то художественные альбомы, вырезки со стихами, а потом вдруг рассказала следующее: «Я никому этого никогда не говорила. Ни разу в жизни. Ты никому не скажешь? Когда я училась в Лесотехнической академии, я как-то шла туда утром… и на меня в парке напал парень… он со мной учился… повалил на землю… облапал… всюду трогал... потом убежал… я никому не могла рассказать, носила все в себе… даже маме не могла… все время думала об этом… полгода… потом начались голоса, я заболела». Я была потрясена этой историей и никому ее не рассказывала много лет, но сейчас, когда и Бедя, и бабушка с дедушкой уже не с нами, думаю, я могу рассказать. Я думала потом об этом парне: ведь он даже не представляет себе, что он спровоцировал, чему послужил, может быть, спусковым механизмом. Он напал в парке на девушку, напугал, облапал, ей потом было стыдно и страшно от того, что с ней произошло, она заболела, стала инвалидом, у нее нет семьи, она одинока и несчастна. А он, может быть, женат, у него дети, внуки…

Моя подруга юности, Лиля, однажды очень испугалась, что меня может постигнуть участь Беди. Я рассказала ей в общих чертах ее историю (без этого эпизода про парня), и Лиля вдруг села на рельсы и заплакала. Оказалось, что ей стало меня жалко, потому что она подумала, что и меня тоже ждет что-то подобное. Действительно, тогда, в шестнадцать-семнадцать лет, я выглядела и вела себя как человек, который вот-вот окончательно сойдет с ума — настолько я была дикая, ебанутая на всю голову. И действительно, несколько позже дурная наследственность догнала меня, и у меня таки поехала крыша. Я не знаю, как бы сложилась моя жизнь, если бы меня лечили в то время и теми методами, которыми лечили Бедю.

Очень страшно было, когда из продажи пропали соли лития. На тот момент литий вдруг закончился, видимо, весь пошел на аккумуляторы, и Бедя, всю жизнь принимавшая соли лития, вдруг начала медленно и страшно умирать. Литий встраивается в обмен веществ, заменяет в нем натрий, и, после многолетнего приема, Бедя уже не могла жить без него. С каждым днем ей становилось все хуже, она еле ходила, все время лежала у себя в комнате, лицо у нее было темное, нехорошее, сознание помраченное, она разговаривала сама с собой, и из ее комнаты были слышны какие-то страшные звуки, которые она издавала. «Я умираю», — сказала она в один из тех тяжелых дней, и это была не шутка. Я поняла, что литий любым путем нужно для нее достать. С помощью моего друга Димы Григорьева мы достали для нее чистый литий с завода, где работал его приятель. Этот литий мой дедушка поделил на порции, завернул в бумажки, мы стали его ей давать, и к Беде вернулась жизнь. Долгое время она принимала этот добытый нами на заводе литий, а потом и ее лекарство вернулось в продажу.

Со временем наша совместная жизнь с Бедей стала еще более невыносимой. Они начали грызться с Денисом, моим первым мужем. На самом деле Бедя долгое время очень хорошо относилась к Денису и даже подарила ему шапку, но потом наступил какой-то во всех отношениях черный период. Каждое утро я просыпалась от того, что слышала, как Бедя говорит про меня гадости на кухне. Из-за любой мелочи происходили отвратительные сцены. Я варила суп, а Бедя очень нервничала, все время подходила и спрашивала, угощу ли я ее, когда суп будет готов. Я отвечала, что угощу, и, конечно же, угощала. Но после этого Бедя вдруг начала совать мне в руки сто рублей как плату за суп. Я долго отказывалась, но она настаивала, чтобы я взяла, и вся тряслась от волнения. Испугавшись, что ей сейчас будет плохо, я взяла у нее деньги, и сразу после этого Бедя побежала к моей маме и стала на меня жаловаться, что она нищая пенсионерка, а я беру с нее деньги за суп. Тогда я подошла к Беде и порвала сторублевку на мелкие клочки. А как-то раз заклинило дверь в туалете, и Бедя утверждала, что мы с Денисом заперли ее специально, хотя мы ее тут же оттуда освободили. В квартире царил коммунальный ад. После того, как Бедя при нас звонила подруге и громко жаловалась, что мы хотим выжить ее из квартиры, Денис собрал вещи и ушел, а я за ним. Первое время мы жили у друзей, я насобирала денег у родственников и сняла нам на три месяца за очень дешевую цену однокомнатную квартиру на Фонтанке. На более длительное время снимать квартиру у нас денег не было, но там как раз должно было начаться лето, и я бы, как обычно, переехала жить на дачу, а Денис до осени уехал бы к себе на родину в Красноярск. А что делать потом — потом бы и решали.

Однако проблема наша с необходимостью снимать жилье к осени решилась сама собой. В тот летний день Бедя звонила дедушке на дачу, где мы все тогда жили. Она смотрела телевизор, была в хорошем настроении и собиралась принять душ. После разговора с дедушкой она, видимо, как раз пошла мыться. А мама поехала с дачи в город. А потом дедушка еще несколько раз звонил Беде, но она не брала трубку. Дедушка начал беспокоиться, и, когда мама добралась до городской квартиры, дедушка позвонил ей и спросил: «Как там Бедя?» «Моется, — беспечно ответила мама, — я слышу звук воды в ванной». И тут дедушка все понял. «Открой дверь в ванную», — сказал он маме. Мама открыла и увидела мертвую, распухшую, страшную Бедю, утопленную и сварившуюся в кипятке.

В морге она лежала в закрытом гробу. Потом ее изуродованное тело предали огню. Урна была большая и тяжелая, ее подхоронили к родителям, которые, быть может, единственные на свете любили умершую. Там, рядом с мамой и папой, покоится ее прах. Она была дитя любви, и звали ее Изабелла, в честь матери. Но все называли ее Бедя.

Против закона

«Давай набьем кому-нибудь морду», — предложила Настя. «Давай», — согласилась Оля. И они пошли искать, кому бы набить морду. Им было по двадцать, они учились на философском факультете университета и любили находить экстремальные приключения на свои тощие задницы. В тот вечер они так и не набили никому морду. Долго ходили по улицам и нарывались на неприятности, зашли в парк Победы, и там с ними познакомились двое парней. Оля и Настя пошли с ребятами в дальнюю часть парка к их друзьям, но вскоре на этих парней напали еще какие-то парни и стали бить. Настя хотела поучаствовать в драке, но Оля утащила ее оттуда в байкерский клуб «Night Hunters». Девушки пришли туда уже настолько пьяные, что еле держались на ногах, и вскоре их заметил весь клуб: они танцевали, позволяли себя лапать байкерам, дико хохотали, потом байкер по имени Женя катал Настю на мотоцикле но ночному городу и взял с нее обещание выйти за него замуж. Потом Настя с Олей поехали домой к Насте, Оля завалилась спать, а Настя всю ночь блевала и рыдала от отчаяния и метафизической тошноты.

— Огромную часть своего времени я не способна ничего делать и очень из-за этого страдаю. Мне приходится лежать в тепле и покое и ждать, пока это тягостное состояние, внутренняя слабость и тошнота, пройдет. Из-за этого мне очень трудно посещать университет, особенно каждый день и с утра. Бывало, что, приняв с утра душ, я настолько утомлялась, что весь день потом лежала недвижимо. В детстве наблюдалась у психиатра и невропатолога. Принимала сильные лекарства, — рассказывала Настя психиатру Михаилу Сергеевичу. Михаил Сергеевич молча слушал.

Оля была родом из Новосибирска. Недавно у нее был парень, с которым она жила, — он несколько раз пытался задушить ее в ванной, и она от него ушла. Оля писала песни и пела их под гитару, ее интересовало все необычное, экстремальное, девиантное. На философском факультете она также изучала девиантное поведение с точки зрения социальной философии. Настя была известным молодым поэтом, ее стихи уже выходили в виде книги и получили литературную премию; недавно она рассталась с мужчиной в два раза старше нее, взрослым поэтом, расставание было очень болезненным, хотя и принесло облегчение. Расставшись с этим мужчиной, Настя почувствовала потребность уйти в отрыв. На философском факультете она писала курсовую о философии Ницше и о карнавале у Бахтина.

Ночью, после празднования Золотой свадьбы бабушки и дедушки, Настя поехала к Вадику. Они познакомились на сайте садомазохистов и договорились о встрече. Вадик был симпатичный добрый парень, немножко тюфяк и рохля, и роль садиста, на которую он претендовал, ему мало подходила. Настя с Вадиком поиграли в дыбу и легкую порку, притом Вадик явно побаивался Настю и прикасался к ней осторожно, как к хрустальной вазе. В конечном итоге Насте пришлось взять командование на себя и выступить не в той роли, в которой она собиралась, а как раз наоборот. Впрочем, с настоящим садистом Насте все же довелось столкнуться. На том самом сайте они договорились встретиться с Александром, который работал следователем. У него даже лицо было натурально садистское, и явно это была не просто ролевая игра. Он долго и с удовольствием мучил Настю, а на ночь приковал к батарее наручниками и отказывался отпускать, как она ни просила, а сам лег спать. Утром он довез ее до перекрестка, дальше Настя добиралась по двору, сгибаясь в три погибели от боли: все тело ломило и жутко хотелось спать.

Настя беспощадно экспериментировала над своим телом и психикой. Ей казалось, что она что-то вроде воина, солдата, для которого эта ежедневная трансгрессия, своего рода непрямое самоубийство — трудная и неприятная работа, но это путь к победе над царством энтропии и смерти, в которое она была заброшена, и его законами. Она хотела телесного экстаза, неотделимого от духовного опьянения, хотела, чтобы плоть стала воплощением божественного логоса, дионисийского начала, той абсолютной невыносимостью, от которой все пути культуры стремятся увести к выносимому. Карнавальное измерение и народная смеховая культура были интересны Насте именно как инобытие Диониса в роли горохового шута со всеми смеховыми обрядами и культами, дураками, великанами, карликами и уродами, скоморохами, божбой, клятвами. Весь этот смех как будто оправдывал тело, словно заставляя осознать физиологически-телесные рамки, и именно этого оправдания так не хватало Насте.

Оля рассказала Насте, что устроилась работать в интим-салон. Для нее это был эксперимент, плюс неплохой заработок. Она была красивой девушкой и быстро стала там «ходовой». В свободное от работы время Оля по-прежнему тусовалась с Настей, они напивались, валялись на траве, знакомились с парнями, искали приключений и неприятностей, а потом блевали. По ночам Настя регулярно гуляла одна. Она затусовалась с уличными проститутками, которые всю ночь стояли у трассы прямо под Настиными окнами, они болтали, пили вместе дрянные алкогольные коктейли. Когда издалека показывалась милицейская машина, Настя уходила, чтобы ее не загребли — проститутки давали ментам деньги за право стоять в этом месте, а Настю менты не знали, и могли быть проблемы. Как-то ночью, когда Настя просто бродила по улице, к ней подъехала машина с каким-то кавказским мужчиной за рулем. — Девушка, вас подвезти? — спросил он. Настя подумала и села в машину. Они немного покатались, и Насте было вообще все равно, куда они едут. Она сидела, полуприкрыв глаза, и думала о своем.

Потом вдруг спросила водителя: — Вам сделать минет? — А как насчет анального секса? — спросил водитель. — Ну давайте, — Насте было вообще все по фиг. Но анальный секс не получился — было слишком больно, и в итоге перешли к обычному. Водитель расположился к Насте: — И часто ты так? — спросил он, — мужиков, наверное, очень любишь? Ты береги себя. Настя пошла домой, у нее не было никаких эмоций, просто хотелось спать.

— Наследственность у меня по части душевного здоровья тоже плохая. У бабушкиной сестры шизофрения, да и бабушка сама всю жизнь чем-то непонятным болеет, хотя к врачам и не обращалась, у дяди и мамы тоже все непросто. Фактически меня воспитывали бабушка с дедушкой. С бабушкой отношения были очень тяжелые, по причине ее деспотического характера и постоянного психического гнета, несмотря на нашу взаимную любовь. Дома постоянно были скандалы и крик. Но, несмотря ни на что, меня все очень любили и баловали. Страдаю тягостными депрессивными расстройствами. Часто испытываю нежелание жить. Думаю о смерти, необязательно своей, но и о том, что все умрут, и от этого больно. В состоянии подавленности иногда думаю об этом днями и ночами, но иногда надолго забываю. Становится всех жалко, все вызывает слезы. Когда чувствую себя лучше, думаю об этом с улыбкой. В шестнадцать лет пыталась покончить с собой. Приняла огромную дозу лекарств, несколько дней лежала, как в коме, потом очнулась. Долго продолжалось странное состояние, в конце дня не могла вспомнить, что было в начале и середине. Родители не отправили в лечебницу из жалости. Потом еще один раз приняла большую дозу лекарств, хотя и значительно меньшую по сравнению с первым разом. Несколько дней продолжался психоз, в большой степени на сексуальной почве. Бегала голая по двору, завернувшись в полотенце, — хотела сбежать из дома. В подростковом возрасте любила чуть что резать руки. В тринадцать лет перенесла психическую травму, связанную с первой любовью. В течение длительного времени жила в состоянии предельного эмоционального и душевного напряжения. Кто-то другой на моем месте, возможно, отделался бы легче, меня же это затронуло до глубины души. У меня сформировалась своеобразная паранойя на эту тему, я снова и снова ее касаюсь, — продолжала Настя исповедоваться Михаилу Сергеевичу. Она говорила и говорила, но казалось, что ей совершенно нет дела до того, что она говорит, что она просто отбывает какую-то тягостную повинность, но старается это сделать максимально хорошо и подробно. На лице Михаила Сергеевича также не отражалось никакого сочувствия, и было непонятно, слушает ли он Настю или давно задумался о чем-то своем.

Насте казалось, что все на нее смотрят и думают про нее гадости, как будто она прокаженная, и нельзя никого касаться и ни на кого смотреть. Даже в помещения она заходила в черных очках и не снимала их почти никогда. Она чувствовала тревогу, страх, ненависть и презрение к себе. В черных очках она ходила и на работу — устным переводчиком. В то время как раз было несколько заказов от маминых знакомых. Надо было переводить для пары американцев из

Чикаго, которые хотели усыновить русскую детдомовскую девочку. Настя была с ними в муниципалитете и в детском доме. Другой заказ был — переводить на бизнес-переговорах по перевозкам фундука. Встреча была в холле «Невского паласа», и все бы хорошо, но Настя не знала, как по-английски будет фундук. Hazelnut, мать его.

Оля, тем временем, рассказывала Насте про свою работу в интим-салоне. Так, однажды она позвонила и сказала, что ей самой противно на себя смотреть и что она идет из церкви. Настя сказала ей, что тогда, может быть, не стоит заниматься тем, чем она занимается. Дальше у девушек состоялся довольно резкий разговор. Оля сказала Насте, что не может этим не заниматься, сославшись на нищету и на то, что она не может забирать у матери последнее. — Ты лукавишь, — сказала Настя, — можно устроиться и на другую работу, хоть официанткой. Вскоре ситуация осложнилась тем, что Оля познакомилась на работе с парнем, клиентом, и влюбилась в него, но он был героиновым наркоманом, и теперь они вместе употребляли героин. Настя все время уговаривала ее бросить эту работу и не подсаживаться на наркотики. Оля описывала кайф под героином: «Тебе под ним нравится все, что ты делаешь, понимаешь? То, как ты куришь, то, как выбрасываешь окурок…»

— Мне не хватает радости. Мне кажется, я просто не способна испытывать ее в полной мере. Иногда периоды отсутствия радости были столь длительными, что я хотела обратиться к врачу, чтобы мне прописали специальное лекарство. По утрам я не хочу просыпаться еще и потому, что мне не хочется жить. В детстве не могла играть с одноклассниками. Часто пользовалась репутацией «странненькой». Общение с людьми часто для меня весьма затруднительно, хотя и отсутствие настоящего, близкого общения — еще затруднительней. Многие вещи, связанные с обществом и людьми, вызывают у меня ужас. Я плачу, когда на меня наорут в транспорте или в деканате. Мне бывает тяжело завязать разговор даже с тем, кто мне нужен. Если же у меня есть основания полагать, что какой-либо человек думает обо мне что-то не то, я совершенно не смогу с ним общаться. Я с чувством страха хожу в публичные места, некоторое чувство страха я испытываю, даже проверяя электронную почту. Иногда мне приходят в голову какие-то мысли, на которых меня заклинивает, и я не могу успокоиться, пока не осуществлю их. Но обыкновенно это либо какие-то пустяки, либо совсем странные вещи, и я никогда не знаю, что такого придет мне в голову. Часто испытываю душевную боль, и сама провоцирую ситуации, чтобы ее вызвать. И еще у меня сильно расстраивается психика на сексуальной почве, — продолжала свой рассказ Настя. — Мелипрамин, — наконец тихо сказал Михаил Сергеевич, — давайте попробуем мелипрамин.

Еще были вечеринки, так называемые свинг-вечеринки. Настя регулярно на них ходила. Но никакие это были не свинг-вечеринки, туда приходили и без пары, просто, чтобы потрахаться. Вечеринки, где просто занимались групповым сексом. Оплачиваешь членство и ходишь. А для девушки, если она пришла вместе с мужчиной, вообще бесплатно. Проводились эти вечеринки в саунах с вип-апартаментами. Мужчин там было больше, чем женщин, поэтому женщины были нарасхват. А красивые женщины встречались и того реже, и их обычно коллективно трахали все мужики. Было много университетской публики, были бизнесмены. Никогда Настя не слышала столько предложений руки и сердца, как на этих вечеринках. Все эти мужики, которые приходили туда трахать женщин, на самом деле мечтали о любви, о жене, о своей единственной. Они были готовы влюбиться, они пытались ухаживать, взять телефон. Но Насте этого было не надо. Она-то в отличие от них знала, зачем пришла. Был там один депутат и доктор философии, главный ебарь на всех вечеринках, который подарил Насте составленный им многотомник русских мыслителей, а потом долго трахал ее на столе.

«The path of excess leads to the tower of wisdom». Это был гнозис; это была стихийная русская тантра. Настя слышала голос — из-под корней, из озера, из-под мха, голос стихии — и узнавала его как абсолютное, изначальное желание не быть; она словно проваливалась в обморок небытия, беспамятство, бред, когда ты выходишь за грань, чтобы принадлежать — не важно кому, и растворяешься в нем, в космической стихии. Там, внутри этой бесконечной ебли, была темная утроба-плерома, полная новорожденных звезд, логово предвечной волчицы — вне пола, вне мира, над бездной. Там, вдали от реальности, Настя проваливалась в головокружение, забытье, где ее касалось что-то несотворенное, не от мира сего. Это было саморазрушение и познание. Это был бесконечный надрыв, страдание и полное неприятие реальности. Это было исследование опасных территорий психики. Насте было все равно, что она делает со своим телом. Она хотела достичь иной жизни, даже если для этого тело должно погибнуть. Это было бесконечное презрение к законам плотского царства ради того, чтобы обрести истинную свободу от мира.

Мелипрамин не помог. Настя от него начала тупо вырубаться, где бы она ни находилась. Один раз сползла по стенке в туалете философского факультета и отключилась. В другой раз поехала на студенческую вечеринку и там завалилась спать и проспала три дня, после чего все окончательно решили, что она наркоманка. Настя отменила мелипрамин и решила больше не ходить к Михаилу Сергеевичу. Вместо этого она пошла в бордель. То есть в тот самый интим-салон, где работала Оля. Настя решила отработать в интим-салоне ровно одну ночь. Было понятно, что для того, чтобы обрести глубокое и истинное видение, для того, чтобы сделать свое сердце живым, — бессмысленно трахаться с любимыми хорошими мальчиками. Нужно было отдаться таксисту, провести ночь в наручниках, отработать проституткой.

Салон был расположен в обычной большой квартире в доме на Староневском. В квартире находились администратор Ирина, мужчина-водитель для выездов и пять-шесть девушек. Настя запомнила Жасмин, Вику, Аманду — они показались простыми и немного вульгарными девушками из провинции. Имена были ненастоящие. Олю в салоне звали Софией, как Премудрость. Настю назвали Марией, как Магдалину. София и Мария сидели в борделе на огромной кровати и болтали точно так же, как за партой философского факультета. Когда приходил клиент, все девушки выходили к нему на «смотр» в нижнем белье. По этому поводу Настя надела свое самое красивое нижнее белье: черно-белое кружевное. Но когда она вышла на «смотр» в этом красивом белье, она совсем не ощущала свое щупленькое тельце сексуальным, — оно казалось ей простым, жалким, словно попавшим сюда совсем из другой оперы. Оно должно было делать что-то другое: окунаться в Иордан в белой рубашке или кататься на велосипеде, загорать под солнцем или лежать на смертном одре, — но оно точно не должно было быть здесь. Первый клиент, какой-то невзрачный дяденька, посмотрел всех девушек, никого не выбрал и ушел. Потом пришли два прыщавых подростка, и оба выбрали Олю-Софию. Оля не пошла с двумя, и они ушли.

В ту ночь любой мог выбрать Софию или Марию. В ту ночь любой мог познать их. И София говорила: Я послана Силой. И я пришла к тем, кто думает обо мне. И Мария говорила: Я первая и последняя. Я почитаемая и презираемая. Я блудница и святая. Я жена и дева. И София говорила: Я молчание, которое нельзя постичь, и мысль, которой вспомятований множество. Я знание и незнание. Я стыд и дерзость. И Мария говорила: Я бесстыдная, я скромная. Я презираемое и великое. Не будьте ко мне высокомерны, когда я брошена на землю! И София говорила: И не смотрите на меня, попранную в кучу навоза, и не уходите и не оставляйте меня, когда я брошена. И вы найдете меня в царствии. И не смотрите на меня, когда я брошена среди тех, кто презираем, и в местах скудных, и не глумитесь надо мной. И Мария говорила: В моей слабости не покидайте меня и не бойтесь моей силы. Но я та, кто во всяческих страхах, и жестокость в трепете. Я та, которая слаба, и я невредима в месте наслаждения. И София говорила: возьмите у меня знание из печали сердечной. И Мария говорила: идите к детству и не ненавидьте его. В ту ночь в том месте Мария и София, Настя и Оля, были брошены на землю, и любой мог прикоснуться к ним и взять по своему желанию — либо на час, либо на всю ночь.

В середине ночи пришел неопрятный сорокалетний чеченец. Настя засыпала и уже ничего не хотела, но, к сожалению, он выбрал ее, и надо было идти до конца. Нельзя было жалеть себя, не для этого она сюда пришла. Он взял Настю на два часа, трахнул ее один раз и быстро кончил. Дальше он хотел продолжения, хотел ебаться еще и еще, но у Насти никак не получалось сделать так, чтобы его ослабший после первого раза член вошел в нее. Было больно, мерзко и ничего не получалось. Настя старалась, как могла, не показывать своего отвращения, заменить его на сострадание к этому незнакомому и тоже несчастному человеку. Ситуация усугублялась тем, что у Насти не было с собой искусственной смазки, и было понятно, что без нее с ним точно ничего не получится. В конечном итоге Настя позвала ему на второй час Вику, и администратор поделила вознаграждение между ними двумя.

Остаток ночи Настя провалялась в другой комнате на большой кровати, где спали все девушки-проститутки, и никак не могла заснуть. «Зачем я это сделала?» — думала она и не находила ответа. Это был поиск какого-то знания, какое-то запредельное исследование, и жуткое, невероятное одиночество и потерянность. Не было никого рядом, у кого можно было бы спросить о сексе и смерти, боли и отчаянии, депрессии, взрослении, ненависти к себе, об этом одиночестве и тоске. Впереди были иные тайны, которые только предстояло постичь или вспомнить: прощения и сострадания, нежности и хрупкости всего живого, ласки и простой радости, милосердия и принятия. Нужно было научиться прощать: простить тело, которое не было ни в чем виновато, простить плотскую любовь за то, что в ней есть семя зла. Простить себя — неизвестно за что — и перестать наказывать снова и снова. Рядом неслышно плакала София: ей было стыдно и грустно, что она привела сюда свою подругу.

Утром Настя ушла из интим-салона, было двадцать седьмое мая, день города. Настя договорилась встретиться с двумя другими университетскими подругами, Таней и Наташей, на Гостином дворе, но пришла раньше. Нужно было подождать, и Настя присела на ступени Гостинки. Мимо, по Невскому, шло праздничное шествие. Это был настоящий карнавал, народное гулянье, доносились смех, музыка, летали воздушные шарики, все были ярко, красочно одеты, кто-то шел на ходулях, кто-то в маске. Эти яркие краски, пестрота, смех, музыка, общая всенародная радость словно оглушили Настю. Во всем этом было что-то чудесно плебейское, несущее веселую относительность в вечном обновлении этого мира, его разрушении и возрождении. И все эти веселые, счастливые люди вокруг тоже находились в этом становящемся мире, они тоже были незавершенны и тоже, умирая, рождались и обновлялись, словно ритуально осмеивая своей незамутненной радостью некое древнейшее божество. В этом мире, в этом городе, в этот день на Невском проспекте не было господ и слуг, бедных и богатых, девственниц и проституток — только единый дух ничем не стесняемой жизни. Настя сидела на ступеньках и долго, с улыбкой, смотрела на карнавальное шествие. Она как-то вдруг попустилась. Ей стало легко, смешно, радостно, весело. В ее сердце было знание, полное боли и любви, легкое, поющее знание. И она рассмеялась.

II. БАР «МОТОР»

Russian beauty

Пришел, значит, в бар. Днем.

Захожу такой: кухня у вас работает? — Ну да, работает. — А шашлык есть? — Вам свиной или куриный? — Свиной, — говорю.

— Ниче у вас бар такой, — говорю.

А бар этот в лесу, на холме, озеро там есть большое, и веревочный парк, и база отдыха, вообще много чего там есть: ресторан на берегу, загон с кроликами — каждый по 500 рублей, пляж, соответственно, резиденция непальского консула, площадка для крутых вечеринок в форме летающей тарелки, тим-билдинг зона, в общем, чего только нет. А в самом конце этой, так сказать, развлекательной хуеты, — холм в лесу, и на нем бар «Мотор». Туда я и пришел.

Спрашиваю: ну а как вечером — весело у вас? — Ну это смотря во сколько. — Ну там к полуночи ближе... — Ну так, весело. — Хороший, — говорю, — бар, мне нравится.

Небольшой такой бар, оформлен как бы это сказать — на Соединенные Штаты похоже, на воображаемые Соединенные Штаты, там будто в маленьком городке, в Твин Пиксе каком-нибудь, такой бар. Висят номерные знаки всех пятидесяти штатов, карта дороги 66 из Лос-Анджелеса в Чикаго, как в песне Боба Дилана, на крыше — куски корпуса автомобиля. Вокруг сосны, ели, лес дремучий, озеро.

— Зайду к вам как-нибудь, — говорю, — вечером. Кто к вам ходит-то: местные с базы или из поселка ребята? Или с города приезжают? Бабы красивые есть? Ну а бармен, мужичок такой, волосатый, бородой заросший, в футболке с волком в стиле трайбл, мне говорит: — Да разные приходят, и с базы, и из поселка, ну а кто — из самого леса приходит. И подмигнул мне. — В субботу в полночь, — говорит, — русская красавица приходит. Это что баб касается. — Какая-такая, — говорю, — русская красавица? — А вон такая. Пиво, кстати, будете? — и достает маленькую бутылочку темного крафтового пива, а на нем написано «Russian beauty».

Пиво так называется, значит. Ну я взял бутылку — смотрю, на этикетке баба нарисована, непонятно, живая или мертвая, готичная такая, лицо белое, сама в кокошнике, сердце из груди вырвано и к платью присобачено, в руках опарыши, в глазах лютая злоба. А за ней — лес, сплетенья ветвей, черепа, хищные ночные птицы, узоры, складывающиеся в лица демонов, избушка на курьих ножках, лысая голова Кощея, страшные гуси-лебеди и все в таком духе.

— Че за баба? — спросил я. — А ты сзади текст на этикетке прочитай, — говорит бармен. Ну я прочел, хоть там и по-английски было, я по-английски не очень, но что-то понял. Типа двое петербургских художников, муж и жена, эти этикетки рисуют, и написано там, что рисуют они их в мистическом трансе, во время которого они попадают на темную Родину. Есть как бы две небесные Родины: светлая и темная. Одна — как град Китеж, там белые храмы, колокола, расписные терема и прочая древняя святая Русь. Другая — темная Родина, похожая на страшную сказку, где всякая хтонь да нечисть, Баба яга, Кощей и ночной лес, где заблудились Аленушка с Иванушкой. «Темное русское коллективное бессознательное» — так написали про темную Родину художники. И они, художники эти, написали в своем манифесте, что на темную Родину они отправляются в состоянии мистического транса и рисуют всякие невоплощенные сущности, существующие на границе между миром мертвых и миром живых. Там-то они и повстречали русскую красавицу — эту бабу в кокошнике, и заодно показали ей дорогу в наш мир.

— Вот, приходит, — сказал бармен, — понимаешь, по субботам. — Это как? — не понял я. — Ну так, сидят мужики, пьют, в полночь заходит в бар, прямо вся такая, в кокошнике, с сердцем, с опарышами, и проходит от стены до стены. Осматривает всех глазами своими жуткими — а такая ненависть у нее в глазах, что это слов никаких не хватит, чтобы описать. Потом остановит взгляд на ком-то одном, пальцем на него укажет и исчезает. — Да что-то ты пиздишь мне, братан, по ходу! — Да ты с кем угодно поговори, многие ее видели, вот Виталик, что на прокате лодок работает... Ты приходи в субботу — увидишь! — Врешь ты все, хорошая байка, но больно уж глупая. В общем, вот тебе за шашлыки, а мне уж пора. Спасибо, что развлек, хотя юмор у тебя какой-то черный, повеселее бы что-нибудь придумал лучше. — Ну дело твое. Захочешь — так приходи.

Ну я встал, иду к выходу. У самой двери уже обернулся: — Слушай, ну а что с теми бывает, на кого она пальцем указала? Что-то ужасное? — Да не знаю я. Вроде живут, как и жили. Может, что-то и меняется, но както трудно говорить об этом... На меня вот как-то раз указала. Когда я только начинал здесь работать. Вроде живу, как и прежде, но что-то есть такое... что-то странное... как будто я и здесь живу, и там, на темной Родине. Как будто вижу что-то такое и не вижу, сам не знаю. Как будто лес дремучий ночной где-то во мне растет. Как будто принадлежу я на самом деле ему, а не этому миру. Как будто и нет никакого мира — только лес, этот бар и Она. Как будто...

Я не стал слушать дальше, открыл дверь и тут заметил в углу у двери маленькую кучку опарышей.

Я вышел из бара — в темный дремучий лес.

Тот самый день

Сегодня прекрасный августовский день, тот единственный день в году, когда копия Насти *становится прежней*. На этот единственный день ей возвращается ее детство, ее прошлое и ее будущее, какими они были до того, как она попала в лес. Это долгий день, и, как и все такие дни, он начинается с рассвета, с тумана над озером, с легкой прохлады, которая переходит в чуть усталое августовское тепло. На рассвете копия Насти вышла из бара «Мотор» на территорию базы — этот день ей было дозволено провести не в лесу, но дальше базы уходить было нельзя. Никто ее не держал, она могла попробовать уйти с базы, в поселок, к дому, где жила девятнадцать лет назад, она и пробовала, много раз пробовала за эти девятнадцать лет. Она просто начинала *исчезать*. Шаг, еще шаг, дальше от леса, от бара «Мотор», за пределы базы, за красно-белый шлагбаум на входе — и она растает. В конце концов, она же просто копия. А копии не живут вне леса.

Так что этот день копия Насти предпочла провести, прогуливаясь вдоль озера, разглядывая автомобили на парковке базы, улыбаясь смешным табличкам, прикрепленным к соснам, например, «Antelope next 10 miles», изучая номер телефона лесничего на щите, предупреждающем об угрозе лесных пожаров, на котором изображен голубой шар, внутри которого полыхает огонь; посидела она и в шатре у озера, и в деревянном банкетном зале ресторана, расположенном на мостках на воде, покачалась на качелях на детской площадке, вспоминая (конечно, это не ее воспоминания, она ведь копия, но изнутри-то кажется, что ее), что в *ее время*, то есть девятнадцать лет назад, ничего этого не было, ни базы, ни ресторана, ни норвежского веревочного парка, ни бара «Мотор», а только лес на берегу озера и разрушенный пионерлагерь. Девятнадцать лет назад — это 1999 год. Тогда все и началось. Но об этом позже. Сейчас же копия Насти любуется кроликами за забором, каждого из которых можно купить за 500 рублей, а за 50 рублей можно купить в специальном автомате морковку и покормить их. Но у копии Насти совсем нет денег: из леса она вышла с пустыми карманами, так что ей остается только жалобно смотреть на отдыхающих, которым ничего не стоило бы подарить ей эти 50 рублей, но попросить она не решается. А ведь какое счастье было бы покормить кроликов! Копия Насти ведь еще — просто ребенок. Ей навсегда тринадцать лет, а настоящей Насте уже тридцать два. Вам, наверное, может показаться, что ходить по базе отдыха целый день — очень скучно, но копии Насти совсем не скучно. Ведь это не просто день. Это день, когда она *становится прежней*. Когда ей возвращается ее детство. Когда — на один день — она становится почти реальной, и ей возвращается ее, девочки

Насти, реальная жизнь. Это счастливый день. Самый счастливый день в году. Это долгий день, и, как и все такие дни, он кончается закатом, туманом над озером, легкой прохладой, которая переходит в ночное похолодание и августовские сумерки, а завтра такого дня уже не будет, обещают грозы.

Копия Насти сидит на мостках у лодочного причала. Она одета, как одевались подростки тогда, девятнадцать лет назад. На ней брюки клеш и ботинки на платформах, а еще мамин голубой свитер. В лесу нет мамы, а вот свитер на ней всегда. В нем она когда-то попала в лес. В этот день копия Насти чувствует себя так, будто можно вернуться домой, будто все еще тянется лето 1999 года. В такие прекрасные августовские дни дома у них ели чернику и землянику. Сегодня суббота, и, значит, бабушка утром ходила на рынок и купила молока из бочки, отстояв долгую очередь. Там, на рынке, продают ягоды, кабачки, арбузы. Дедушка наверняка занят какими-то работами по хозяйству. Вечером все вместе будут есть арбуз. Мама тоже на даче, она всегда приезжала на выходные. В лесу нет мамы, копия Насти не знает почему, но маму в лесу она никогда не видела, а вот бабушка и дедушка в лесу есть. Но они — *другие.* Их дом тоже есть, но и он — *другой.* Он все время перемещается с места на место. Все время меняется. Этот дом похож на настоящую дачу, где прошло детство Насти, но лес вокруг очень страшный, черный. И сарай — как настоящий, но повернут по-другому, от предбанника не направо, а назад. Тот дедушка, что в лесу, всегда говорит, что здесь лес гораздо хуже. Он много ходит по лесу, а небо все время темное, льют грозы. Когда дедушка возвращается, он сидит в кресле на веранде и молчит. С бабушкой они почти не разговаривают. По ночам дедушки и бабушки нет в их постелях, и копия Насти не знает, где они. Иногда дедушка с бабушкой ходят вокруг их дачного домика и у них совсем мертвые, страшные лица и глаза, копия Насти один раз нашла щель в стене и выглянула наружу: бабушка с дедушкой ходили кругами с какими-то тюками, тележками, в которые были собраны вещи, как будто они хотели куда-то уйти или думали, что уходят. Оба они были всегда какие-то не такие, в них был какой-то изъян, как будто они потеряли душу, а от прежних бабушки с дедушкой остались только механические привычки, за которыми больше не было ничего живого. Копия Насти однажды спросила этого дедушку из леса, когда вернется ее любимый, хороший дедушка, и тот ответил, что никогда. Еще дедушка с бабушкой часто говорят какую-то чушь, бессвязную речь, как будто они спят наяву.

Девятнадцать лет назад — это 1999 год. Тогда все и началось. Вернее, тогда все и кончилось. В такой же прекрасный долгий августовский день, когда было тепло, ласково, бессмертно и цвели цветы. А вот что именно произошло — копия Насти не помнит. У нее есть несколько снов об этом, разных снов с разными версиями событий, и она не помнит, какая правильная. Один из этих снов — об изнасиловании. В этом сне копия Насти вспоминает, что, кажется, в тот прекрасный августовский день Настя направлялась на рынок, где в то время тусовались местные малолетки. По дороге к ней подъехал ниссан, оттуда высунулась рожа какого-то тридцатилетнего борова с золотой цепью на шее и произнесла: «Любимая, поехали кататься!» «Я вам не любимая», — ответила Настя, задрала нос и пошла дальше. «Хамить-то не надо», — сказал боров, вышел из машины, подошел к Насте и обнял так, что хрустнули ребра. Настя вырвалась и побежала в сторону рынка. Машина развернулась и поехала за ней. В машине было пять братков — мелких мафиози из ближайшего поселка городского типа — и пушка. Братки вылезли из машины и прижали Настю к стенке ларька тети Любы. Один полез ее лапать, главный — бык с золотой цепью — в это время брал в ларьке несколько пачек презервативов. Насте объяснили, что они сейчас отвезут ее на озеро, в лес, и там все вместе выебут. На рынке не было ни одного человека, который мог бы вступиться за нее. Убежать было невозможно. Братки, тем временем, стали что-то обсуждать между собой и на несколько секунд оставили Настю в покое. В эти несколько секунд она нырнула в ларек к тете Любе, и они заперли дверь изнутри на крючок. Настю трясло от страха. «Не бойся, бедненькая, — утешала ее тетя Люба, — ты мне как дочь. Мою дочь три раза насиловали. Все три раза групповое. И в рот заставляли брать. Дочка у меня красивая была». Тем временем братки обнаружили пропажу. Они сразу не догадались, что Настя спряталась в ларьке, сели в машину и объехали весь рынок. Через минуту вернулись. Поняли, что Настя в ларьке, и главный стал ломиться в дверь. Ларек трясся, пивные бутылки стали падать со своих мест. Тетя Люба была вынуждена ему открыть, пока он не разгромил ларек. Он вытащил Настю, запихал ее к себе в машину, и они поехали на озеро. На то самое озеро, где сейчас стоит база отдыха. Что происходило на озере — копия Насти не может точно вспомнить даже во сне. Кажется, она вырвалась и побежала в лес, бежала, бежала — и так и осталась в лесу. Или они ее изнасиловали, убили и оставили тело в лесу. Настоящая Настя умерла или вернулась домой. А может быть, ничего этого и не было вовсе. Это первый сон копии Насти о возможном прошлом.

Но глубже него лежит второй сон копии Насти — о зеркале. В то лето был один парень, уже взрослый, девятнадцатилетний, он занимался магией, и местные ребята про него говорили, что он вообще без головы, и еще — что он вылечил свою мать от рака, и что он совершенно сдвинут на теме ебли и малолетних девственниц. В своем сне копия Насти видела его образ совершенно отчетливо и ясно помнила, как они познакомились. Это было во второй половине июля. Он был очень маленького роста, гораздо ниже Насти, бледный, светло-русый, с рубиновой серьгой в ухе, в рабочих штанах и черном ватнике на голое тело с нашитой на локоть перевернутой пентаграммой, и зрачок левого глаза у него был в форме восьмерки. Он работал в поселке водопроводчиком, а встретились они у пожарного пруда, прилегающая к которому каменная плита была одним из мест тусовки молодежи. Этот парень, Саня, пел под гитару песни и при этом не сводил глаз с Насти, а пел он «Фантом», и еще песню про дождь, и «Афганистан», и песню про водку, и много чего еще. А потом он сказал, что хочет есть, потому что три дня ничего не ел, бухая в лесах и на болотах, и Настя пошла домой и принесла ему сливы со стола. Потом

Настя заболела, ее знобило и ей виделся лес, а когда она выздоровела, Саня сказал, что хотел прийти ее вылечить, но не хотел пугать ее родителей, и сказал, что он ее искал. А потом они еще встретились дома у генеральской внучки Женьки, которая была влюблена в Курта Кобейна, на которого, кстати, был удивительно похож Саня, и там была игра в какую-то фиговину, которую все бросали друг в друга, и Саня сидел рядом с Настей и ловил эту фиговину, когда она летела в сторону Насти, чтобы она в нее не попала. В один из тех дней, когда они шли к дому Насти, чтобы пообрывать с кустов малину и посидеть в сарае, Саня спросил, не нужен ли Насте парень. Настя ответила, что нет. Когда они обрывали малину, Саня сказал Насте, что он ее любит, а потом стал говорить это все время. Настя еще некоторое время не отвечала Сане согласием на предложение стать его девушкой, но проводила все время вместе с ним, и уже потом согласилась, и тогда Саня обещал на ней жениться, как только она достигнет соответствующего возраста, что, впрочем, должно было произойти еще очень нескоро. Когда Саня гулял с Настей в лесу, или они сидели где-нибудь под деревом и он клал голову к Насте на колени, он часто рассказывал всякие странные вещи. Иногда Саня хватался за голову и говорил, что к нему в башку стучится Иегова, то есть тот бог, кому все поклоняются, но на самом деле богов много, и Иегова тот еще мерзкий тип, а планету нашу изначально подарили тому, кого все считают дьяволом. Саня называл его Асмодеем и считал кем-то вроде своего младшего брата, а что касается всевышнего и абсолютного Бога, Саня говорил, что про него ничего не известно, одни считают, что он есть, другие, что его нет, из тех же богов, что лично известны Сане, самый высший — Дракон, бог Радуги, хранитель Закона Миров. Вселенная — живая, и нужно следовать своей природе и всегда слушать свое сердце, — говорил Саня.

Насте стал все время сниться лес. Даже когда она не видела во сне стволов елей и сосен — она все равно ощущала присутствие леса, который внимательно за ней наблюдал. Один раз во сне Настя видела свою собственную свадьбу с Саней в лесу: она была одета во все черное, у Сани как-то странно, непривычно горели глаза, и они шли между высоченных седых деревьев. Вокруг были птицы и звери, которые были гостями на их свадьбе, а также какие-то существа, чудовища, химеры. Обыкновенно же Настя с Саней тем августом гуляли, пили пиво и вино, сидели у Насти или у Сани в сарае, а оба этих сарая были весьма примечательными местами. Сарай Сани требовал подъема по приставной лестнице; в нем всегда пахло бензином, табаком и пивом. Большую часть пространства занимал набитый сеном траходром, как Саня его называл, рассказывая, например, о том, как ему раньше было нужно по десять в день, и желательно разных, и про то, как он лишился девственности в восемь лет, и про всех своих бесконечных девушек и любовниц. Его друзья рассказывали, что раньше, стоило ему завидеть девственницу, он сразу подходил к ней с мыслью любым путем лишить ее невинности. Впрочем, и юношами он тоже вроде бы не гнушался, и однажды Настя застала его целующимся взасос с каким-то парнем. Да и на возраст Саня тоже не смотрел и в первый же вечер знакомства на удивление спокойно для Насти отнесся к тому, что ей еще только тринадцать, сказав «ну и нормально, мне годятся от десяти до сорока». Что касается сарая Насти, то там среди полуразвалившихся велосипедов и старых дедушкиных инструментов царственно располагалось огромное туалетное зеркало еще девятнадцатого века, с темной резьбой по краям и выдвижными ящичками с позолоченными ручками, по словам Сани, идеально подходящее для ясновидения и путешествий по измерениям. Саня взялся обучать Настю магии и сказал, что обучение на первых порах будет происходить через сны. Однажды, в сарае у Насти, Саня попросил свечу, зажег ее перед старинным зеркалом с резьбой, стал смотреть в него странным взглядом и поставил ладони рядом с язычком свечи, затем он стал поднимать ладони, и огонь свечи поднимался вместе с ними и поднялся почти до потолка, превратившись в очень тонкий светящийся луч. Настя это запомнила и стала подолгу сидеть со свечой у этого зеркала. Как-то раз она смотрела в зеркало очень долго, отражение ее преображалось, иногда гасло и вместо него образовывалась пустота, а потом Настя увидела Саню, за спиной его был лес. Саня поманил ее к себе рукой, и Настя вошла в зеркало, в лес, и осталась там навсегда. Зеркало отзеркалило, скопировало ее. Настоящая Настя осталась в сарае, у себя на даче, а ее копия навечно заблудилась в лесу. А может быть, ничего этого и не было вовсе. Это второй сон копии Насти о возможном прошлом. Здесь, в лесу, она мельком иногда видела Саню, но он вел себя так, будто они незнакомы. Возможно, это был не Саня, а его зазеркальная копия, или она для него была всего лишь копией, тенью девушки, которую он когда-то любил, — узнать это невозможно. За вторым сном копии Насти следует третий, четвертый, пятый, шестой, седьмой — и так до бесконечности, и каждый из них рассказывает свою историю о том, как она попала в лес. Иногда копия Насти думает, что никакого объяснения на самом деле и нет, что все они не более чем ложные, обманные сны, навеянные лесом.

В этот долгий, бессмертный, цветущий августовский день настоящая Настя хлопочет по дому. С утра нужно накормить ребенка и мужа, потом пойти на рынок за фермерским цыпленком, которого ребенок обожает, потом одновременно готовить цыпленка, варить тыкву, жарить свинину, делать салат, мыть посуду, разводить лекарство для ребенка, отвечать на письма в айпэде. Ей тридцать два года, на ней черно-белое летнее платье и гранатовые бусы. Настина мама сегодня решила прополоть всю траву на участке. Дедушка и бабушка несколько лет как мертвы. Построен новый дом. Ближе к вечеру Настя оставила ребенка на мужа и села на велосипед — немного покататься по поселку. Она доехала до базы отдыха, оставила велосипед на берегу озера и присела на мостки у лодочного причала — посмотреть на воду и немного отдохнуть. Как раз там, где совсем недавно сидела копия Насти. Копия Насти уже ушла — она бродит за баром «Мотор» по небольшому болотцу, по мягким хвощам и жидкой холодной земле, глядя издалека на отдыхающих, слушая шум их голосов — еще как бы с ними, доживая крупицы этого дня, но уже все ближе обратно к лесу, и все темнее становится на сердце, которое покидает детство и будущее, в которое входит лес, занимающий собой всю вечность. Обрывки ее снов остались на мостках, и настоящая Настя услышала их как призрачный шелест из леса ее собственных снов. Она стала вспоминать эти истории, как она их помнила. По-другому.

Когда те пятеро братков хотели затащить ее в машину и увезти на озеро, откуда ни возьмись появился знакомый мужик, Иван, и еще один знакомый мужик, Рикша, подъехал к рынку на своей «копейке». Иван шепнул ему пару слов, потом отвел братков в сторону, якобы поговорить, а на самом деле чтобы дать Насте возможность сесть в машину к Рикше. Как только братки подошли к Ивану и отвернулись от Насти, Рикша сделал ей знак, и она кинулась к нему в машину. Только она села в машину и закрыла дверцу, главный заметил это, вальяжно подошел к машине, засунул свою морду в окно и сказал Рикше: «Подожди, папаша». Рикша в это время пытался завести машину, и — ужас! — она не заводилась. Раз, два, три, четыре… Несколько мучительных секунд, и машина все-таки завелась. Поехали. Вместе с Рикшей в машине сидел еще один знакомый мужик, Букаха. Все трое думали, что будет погоня. Но погони, к счастью, не было. «Эта шлюха все равно сюда вернется», — сказал главный, и они с братками сели бухать на лотках и дожидаться Насти. Как только стало понятно, что погони нет, Рикша с Букахой накинулись на Настю: «Ты, шлюха, что ты наделала, нас всех из-за тебя убить могли?!» Настя говорила, что ничего не делала, они сами полезли, но ей отвечали: «Просто так никто на людей не лезет!» Когда Настю увезли с рынка, подошла ее подруга

Надя с компанией ребят, среди которых был, между прочим, Настин Саня. Тетя Люба и Иван тут же им рассказали, что Настю чуть не изнасиловали. Братки тем временем собрались уезжать и садились в ниссан. Надя вознегодовала на них и пнула ногой их машину. Братки тут же вылезли и накинулись на нее: «Ты что, коза, совсем охренела?!» «Вы мою подругу чуть не изнасиловали», — ответила Надя. «Это ту шлюху-то? Ну теперь тебе пиздец». Надя им что-то отвечала, они ей угрожали, матерились, обещали тоже отвезти на озеро и выебать. Потом один из них, мелкий, подошел к Наде и ударил ее по лицу так, что ее черные очки улетели в кусты. Но Надя не растерялась и ударила его ногой по яйцам так, что он даже присел. Все это время ребята, пришедшие с Надей, скромно стояли в сторонке: они увидели в машине пушку и предпочли не вмешиваться. И вся Санина магия ему не помогла. «Мы сейчас тебя повезем на озеро вместо той шлюхи!» — говорили братки Наде. «Шлюхи? Да вы хоть знаете, сколько ей лет?» «Сколько?» «Тринадцать». От этого братки несколько опешили. «А тебе сколько?» «А мне четырнадцать». Братки посовещались и уехали.

Настя прекрасно помнила, как увидела Саню в зеркале. Она не пошла навстречу ему и ужасно испугалась. Сразу после этого она побежала к нему домой, лил дождь, по ногам шлепала мокрая полиэтиленовая накидка, Саня был отчего-то с ней холоден, и она ушла гулять по поселку под дождем и рвать ранние яблоки на чужих участках, а потом зашла к подругам. Ну а потом началась осень, и Насте надо было в школу, и было очень тоскливо уезжать, с соседних участков звучали какие-то попсовые песни про разлуку. Дважды в сентябре Настя приезжала на выходные и виделась с Саней, который в связи со своей работой водопроводчика должен был оставаться в поселке и заниматься кранами до октября, но Саня почему-то выглядел так, будто он был не особенно рад ее видеть. Настя не понимала, в чем дело: он обещал, что зайдет после обеда, и не заходил, и она шла сама, а он пел ей под гитару унылые песни про парней, разлюбивших своих девушек, и про этих несчастных, лишенных девственности и брошенных девушек. А один раз, когда Настя пришла к нему тогда, в сентябре, у него в сарае была Ксюша, очень красивая девочка, с которой Настя когда-то в детстве дружила, а потом рассорилась, и Саня совсем не обращал внимания на Настю и разговаривал только с Ксюшей. Потом Настя уехала в город уже до весны, потому что дедушка сказал, что становится холодно и он закрывает дачу, а Саня обещал, что приедет к октябрю и позвонит ей. В октябре Саня так и не появлялся, и когда Настя иногда пыталась ему звонить, ей отвечали, что он еще не приехал. Парки и дворы лысели, по ночам на улице начали замешивать слякоть, и скоро Насте должно было исполниться четырнадцать, а Саня все не появлялся. Потом выяснилось, что у него другая девушка, даже две, и это ближайшие Настины подруги, и он давно уже приехал и видится с ними, а от Насти скрывается. Выяснилось также, что он все лето приставал к ее подругам со словами: «Отдай мне девственность, лучше пусть это буду я, чем потом тебя кто-нибудь изнасилует», и что Настины подруги еще тогда целовались с ним тайком за спиной у Насти, и что с той Ксюшей его тоже кто-то видел целующимся. Настя звонила ему, но он попросил свою мать всегда отвечать ей, что его нет дома. Но Настя звонила упорно, и он, наконец, ответил и сказал: «Прости меня, если сможешь». Весной компания Сани и Настиных подруг распалась, все расстались друг с другом и перестали общаться. Потом Саня и вовсе пропал с горизонта. Известно, что он был дважды женат и работает продавцом-консультантом в магазине строительных товаров. Так все это помнит Настя, но кто знает, что там было на самом деле. Иногда Настя думает, что ничего этого на самом деле и не было — что это все ложные, обманные сны, навеянные жизнью.

Сегодня прекрасный августовский день. На участках цветут и нежно пахнут гортензии, в лесу на хвойных подстилках в тенистых местах рыжеют лисички. Время ягод и медленного приближения осени. Утром был короткий, небольшой дождик. Был — и прошел. Это счастливый день. Самый счастливый день в году. Это долгий день, и, как и все такие дни, он кончается закатом, туманом над озером, легкой прохладой, которая переходит в ночное похолодание и августовские сумерки. Про этот день в жизни Насти и копии Насти существуют две истории. И первая история рассказывает о том, что вечером этого дня Настя вернулась домой, к семье, а копия Насти вернулась в лес, и они так и не встретились. Копия Насти навечно осталась бродить в лесу, а Настя так никогда о ней и не узнала. Но есть и вторая история, похожая на сон, который они увидели вместе. И в этой второй истории копия Насти перед тем, как вернуться в лес, зашла в бар

«Мотор», и туда же зашла настоящая Настя, после того, как посидела на мостках, вспоминая свое подростковое прошлое. Там, в баре «Мотор», копия Насти и взрослая Настя из реальности посмотрели друг другу в глаза. Они узнали друг друга. Они рассказали друг другу свои истории и свои сны. Они вместе выпили, и Настя рассказала копии Насти о последних словах дедушки, о смерти бабушки, о том, как растет ее сын, о том, сколько всего с ней произошло за последние девятнадцать лет, а копия Насти рассказала ей о вечном лесе, о первой любви, у которой нет конца, о том, сколько раз в сотне историй и снов она умирала и навсегда оказывалась в лесу, а Настя этого даже не замечала. После этой встречи что-то произошло. Копия Насти исчезла. И взрослая Настя исчезла. И при этом они обе остались живыми. Они стали навсегда одним целым — в этот незабываемый августовский день, который, несомненно, уже был. Однажды, множество раз. Столько же раз, сколько их разделял лес, и одна из них навеки оказывалась в нем, а другая ничего не замечала. Настя *стала прежней* — к ней навсегда возвратилось ее детство, ее прошлое и ее будущее, какими они были до того, как она попала в лес, но и лес тоже остался с ней и порой бывает виден тем немногим, кто знает, *что такое лес,* где-то на самом дне ее взгляда. Настя вышла из бара и пошла по лесной дороге домой, в стареньком мамином голубом свитере из девяностых, надетом поверх черно-белого летнего платья — стало холодать.

Фея на шоссе

Дачный сезон закончился: поселок пребывал в запустении, в заброшенности. На шоссе не было ни машин, ни прохожих. Рынок тоже вымер. На земле в изобилии лежали палые листья, иголки, прелые яблоки; на участках росли поганки и белые грибы. Топить нужно было каждый день, и все равно приходилось дополнительно включать обогревающие панели. Солнце было прохладно-ласковым, небо ясным и усталым, подобранные яблоки вкусными; на рынке на площади между лотков валялись собаки, вся стая, — лежали, подставив тощие бока солнцу, как будто издохли. На пляже Малого Борковского никого не было; детские игрушки, которые были летом рассыпаны по песку, кто-то собрал и унес. Интересно, подумал Вилли, одиноко прогуливаясь по пляжу, кто приносит их и уносит? Кому они принадлежат и где проводят зиму? Черноплодка у дорог была сочная и холодная. Стояла тишина, безветрие, только издали доносился стук инструментов — строили дом. На Северной тоже строили дом, выкопали на участке огромную яму, а всю землю из нее высыпали на площадку, где летом играют дети. Центральную улицу, там, где она пересекается с Приозерской, перекопали, и больше там нельзя было пройти. В переулке, где жил Вилли, все дома, кроме его дома, стояли пустыми; на соседней улице еще жили пара стариков. Вечером под дождем Вилли видел, как двое знакомых мужиков распивают водку, укрывшись под навесом у лотков. Одной из ночей в темноте была слышна стрельба и женские крики. В воздухе пахло печным дымом. Темнело все раньше и раньше, и фонарей почти нигде не было. На дорогах лежали огромные желуди, в кронах лиственных деревьев пестрело все больше желтого и красного. Начали отключать воду, и скоро должны были отключить ее совсем.

Вилли шел вечером из бара «Мотор». Он не пил совсем, уже много лет как завязал с этим делом, и зашел туда просто поужинать, развеяться, увидеть людей, услышать человеческую речь. Но из других людей в баре была только работающая за стойкой Лена. Они поболтали немного, и, когда на поселок упала ранняя тьма, Вилли отправился домой, вышел на шоссе. Со стороны железной дороги гудели проносящиеся товарняки, чернота стояла густая, но Вилли хорошо, как ночное животное, видел в темноте. Он напевал песню одного своего старинного, давно сторчавшегося друга: «Ты со мной вольный ветер // я скажу — ты ответь // все, что было давно // ла-ла-ла-ла-ла-ла». В этой песне еще была строчка: «Я здесь осенью жил и мечтал», — и Вилли подумал, что он тоже живет здесь осенью и мечтает, работает сам на себя электриком, но заказов сейчас становится все меньше и меньше, кроме того, он играет на бирже и все ждет, когда начнет выигрывать, но пока набрал кредитов в разных банках и скрывается от коллекторов. И еще у него скоро день рождения. Сорок шесть. Кажется, будто он прожил тысячу жизней за эти годы.

Вилли шел по пустынному шоссе и насвистывал песенку, когда вдруг со стороны Калининской улицы на дорогу выбежала полуголая женщина, она плакала и кричала: «Помогите! Помогите! Суки! Бросили меня! Помогите!» Вилли остановился и позволил женщине подойти к нему. Она была босая, с голыми ногами, сверху на нее была надета короткая рубашка на голое тело, которая едва прикрывала промежность, и Вилли с интересом подумал, есть ли на ней трусы. На улице было холодно, еще немного — и ударят первые заморозки, Вилли был одет в утепленный маскхалат и все равно чувствовал, какой сырой и холодный воздух вокруг. Лицо женщины было плохо видно в темноте, но оно казалось опухшим, как у пьющих людей, возраст был непонятен — что угодно от двадцати пяти до сорока пяти, она пахла спиртным, мужским потом и собственным страхом. Плача и ругаясь, она начала просить Вилли о помощи. По ее путаному рассказу трудно было понять, что с ней произошло: она говорила про каких-то «друзей», которые привезли ее сюда и бросили, заперли в доме и уехали, а она спала — видимо, была в пьяной отключке после того, как ее попользовали, — подумал Вилли, — а когда пришла в себя, никого уже не было, дом был заперт, она выбралась через разбитое окно, и у нее не было ни одежды, ни денег, ни мобильника, и она не знала, где находится.

Вилли посмотрел в своем китайском смартфоне с суперкрутой камерой — ради нее и брал — расписание поездов и увидел, что в сторону города до утра поездов больше не было. — Хочешь, пошли со мной, — предложил он ей, — переночуешь у меня, согреешься, а то пропадешь тут. А утром я тебе дам денег — уедешь на первой электричке. — А далеко до тебя? — Порядочно. Но разве у тебя есть другие варианты? Женщина и Вилли пошли по шоссе, надо было дойти до баков, повернуть налево на аллею, дойти до песчаной горы и там свернуть в первый переулок. — Как тебя зовут? — только и спросил Вилли по дороге. — Дарьяна, а тебя? — Можешь называть меня Влад. Или Вилл. Как хочешь.

Вилли жил в половине большого старого дома; в другой половине жили его мать и дядя. На половине Вилли был бардак, валялись разбросанные инструменты и всевозможная рухлядь, и видно было, что рука человека не касалась тут ничего очень давно. Кроме одной комнаты, в которой жил непосредственно Вилли. Там все было чисто, аккуратно, свежий ремонт, стены обиты вагонкой, кровать заправлена, а перед окном было рабочее место с новеньким макбуком. Вилли включил свет и тепловые панели и пошел в половину матери — найти для гостьи какую-нибудь старую, давно не надевавшуюся матерью одежду, благо такого хлама было у нее в изобилии. Он принес Дарьяне свитер, рейтузы, теплые носки и обувь, все не в лучшем состоянии, но выбирать не приходилось, и наконец рассмотрел ее получше. Вид у нее был потасканный, прямо сказать, но что-то было в ней симпатичное, может, чуть вздернутый носик, большие глаза, и ноги у нее — он обратил внимание, пока она надевала рейтузы, — тоже были ничего, чуть дряблые, но прямые и длинные. Да, и глядя, как она надевает рейтузы, он понял: трусов не было. Вилли сделал им с Дарьяной горячего чаю и попросил девушку рассказать подробнее про ее сегодняшние приключения. Если она, конечно, не возражает. Вначале Дарьяна пыталась что-то мутное рассказать про каких-то друзей и вечеринку, но ей самой довольно быстро надоело называть этих гадов друзьями, и она призналась, что работала, поехала с этими «друзьями» трахаться, а они ее поимели и кинули. И это не первая такая история в ее жизни. Вилли спросил, не надо ли позвонить кому-то — может, родные ее ищут, но Дарьяна сказала, что у нее нет близких в городе, что она родом из других мест, и никто ее этой ночью не ищет. — А ты кто? — спросила она Вилли. — Я? Бывший убийца. Дарьяна не поняла, шутит он или нет. Вилли рассмеялся: Я — человек, скрывающийся от нескольких банков. Авантюрист. Простой парень. Со мной ты в безопасности. — Что у вас за поселок, мать его? Какое-то дьявольское место! — Завтра ты станешь одной из местных легенд, — улыбнулся Вилли, — ты, кстати, не первая странная женщина, которую я здесь встретил на ночной дороге. Много лет назад, когда я нелегально торговал водкой, я ехал на машине по ночному шоссе и увидел впереди голую девушку с распущенными волосами. Она была прямо перед моей машиной и смотрела на меня, не двигаясь, я не успел затормозить и проехал прямо сквозь нее. В ужасе остановился — но на шоссе никого не было. Глюк? Быть может, но вот такие у нас места. Кровать была одна, и Вилли с Дарьяной, у которой уже закрывались глаза от усталости, легли спать рядом. Дарьяна сразу заснула сном младенца, а под утро Вилли потянулся к ней, и она не оттолкнула его.

После Вилли проводил Дарьяну до шоссе, снабдил ее деньгами на билет, а дальше она пошла сама — до станции идти надо было прямо, никуда не сворачивая. Они обнялись на прощание. — Удачи тебе, бывший убийца! Пусть тебя не найдут твои коллекторы! — Береги себя, ночная фея! Она удалялась все дальше в смешных рейтузах его мамы и ее старой куртке, а Вилли все больше казалось, что он где-то видел ее прежде — на ночном шоссе, когда он был юношей в ковбойской шляпе, мнил о себе бог знает что и возил водку во времена антиалкогольной кампании. Именно ее голое тело, распущенные волосы, огромные глаза он видел тогда на шоссе. Только тогда она была моложе и прекраснее. Этим утром, когда у них был короткий и как будто немного неловкий секс, он узнал ее. Она действительно была фея. Фея ночи. Он подумал, что, сложись все иначе, он мог бы полюбить ее.

— Сегодня я трахал фею, — сказал он, войдя в бар «Мотор» вечером, после того, как выполнил заказ по электрике, о котором у него была договоренность, и захотел поужинать. В этот день за барной стойкой работал Макс, старый Макс, который уж всякого-то перевидал. Он приподнял бровь вверх: — Фею? Ну, здесь этих фей пруд пруди. Иногда они выходят из леса, а потом возвращаются в лес. — Она уехала на утреннем поезде, — сказал Вилли. — Это ты так думаешь, — засмеялся в ответ Макс, — не забывай, что этот бар находится на границе с лесом, и за годы, что я здесь работаю, если я в чем и стал разбираться — так это в феях. Все феи — проститутки, это я точно усвоил. Возможно, верно и обратное: все проститутки — феи. Им ничего от тебя не надо, кроме как переспать с тобой и забрать у тебя кое-что — вот здесь, — и Макс показал себе на грудь. — Вот скажи: забрала твоя фея кусочек твоего сердца? — Может быть, — Вилли и сам не знал ответа на этот вопрос. Он возвращался домой по темному шоссе, и ему как будто даже хотелось увидеть во тьме женский силуэт, голую девушку с распущенными волосами, которую, казалось ему, он всегда любил. — Не убили бы ее, при такой-то жизни, — с грустью подумал он о Дарьяне. «Я здесь осенью жил и мечтал // я полжизни отдал за мечту» — пелось в той песне его рано сторчавшегося друга, и Вилли подумал, что он и есть тот человек, который отдал полжизни за мечту. И теперь ему ничего не остается, кроме как жить здесь одному и мечтать. Лучшего он и не знал, одинокий мужчина с татуировкой волка на плече. Он знал, что иногда по ночам над озером кружат летучие мыши, а лесную дорогу перебегают лисы. Со стороны железнодорожных путей раздался шум товарняка, и Вилли подумал: «Поезда никуда не идут. Нет никакого города. И никакого мира. Только это место, и Дарьяна тоже принадлежит ему. Она здесь», — и улыбнулся этой своей мысли. Впереди была долгая осень.

Вечеринка сгоревшей юности

В хостеле сгоревшей юности
я провожу каникулы

Альфонсо Мария Петрозино

Все они получили приглашение на вечеринку. Анонимное приглашение, пришедшее по имейлу с какого-то странного адреса vecherinka@sgorevsheyunosti.ru. В письме было написано: «Уважаемый/ая N, Ваша юность сгорела, и мы приглашаем Вас отпраздновать это событие на ультра-мега-гипер-вечеринку сгоревшей юности! Ура! Во вложении входной билет. Ровно в полдень у площади Восстания в последнее воскресенье июня Вас встретит человек с табличкой и будет ждать автобус».

Скольким людям было отправлено это приглашение — да хрен его знает. Наверное, многим. Может, сотням, может, тысячам, может, миллионам. Пришли двенадцать человек. Объединяли их три вещи: у всех у них не было спам-фильтров в почте, все они были еще молодые достаточно люди, в основном в районе тридцати лет, и у всех у них в юности что-то пошло непоправимо не так. Подумайте сами: что бы вы сделали, получив такое приглашение, независимо от того, сгорела ваша юность или нет? Неужели подняли бы свой зад и поехали куда-то? То-то и оно. Так что кроме всего вышеперечисленного этих двенадцать человек объединяло еще нечто — что-то, что позволило им принять приглашение, оторвать свой зад от дивана и приехать на площадь Восстания, — может, какая-то сохранившаяся юношеская открытость, или дурной авантюризм и любопытство, или отчаяние, когда хватаешься за последнюю соломинку, а может быть, наивность, глупость, храбрость или им просто наскучило все на свете. Итак, пришли: алкоголик Алексей, наркоман Антон, душевнобольной Никита, душевнобольная Анна, Дина, которую тиранили родители, Вика, которая была влюблена в женатого, Марта, которая была сиделкой при муже-алкоголике, мент Кирилл, бывшая сектантка Татьяна, скрывающий свою гомосексуальность Евгений, лентяй Платон и поэт Арсений.

Их встретил человек с табличкой, и экскурсионный автобус повез на базу отдыха «Сосны», к бару «Мотор», где были накрыты столы и ведущий приготовил для них специальную программу. Это был обычный ведущий, смазливый и глуповатый, с галстуком-бабочкой, вроде ведущих свадеб и всяких праздников; лица, которые предпочли остаться неизвестными, наняли его и скинули ему на почту подробную инструкцию, что нужно делать и что говорить, и перечислили за это приличную сумму.

Выйдя из автобуса после пары часов дороги, молодые люди оказались на холме, расположенном на границе леса, перед небольшим уютным баром. Ребята заглянули в бар: стулья были сделаны из мотоциклетных сидений, а в интерьере можно было увидеть моторы гоночных болидов, автомобильные номера и фотографии с гонок. Бармен сразу предложил им напитки, особенно посоветовав их фирменный коктейль «Мотор OIL» или освежающий сидр с Алтая, также можно было заказать эксклюзивное пиво с горчинкой из частной пивоварни или сухое вино, виски или ром. Ведущий, который назвал себя Иваном, поздравил гостей со сгоревшей юностью и сразу же попросил у них именные пропуска. Он сказал, что они расположатся на улице, в панорамной крытой беседке у бара с видом на сосновый лес, где на столах уже выставлены закуски, а дальше гости себе закажут шашлыки или сочные бургеры с говяжьей котлетой, ну или супы, хотдоги или что они пожелают — все оплачено.

Посреди беседки стоял микрофон, рядом с которым кружился ведущий в галстуке-бабочке, и, пожелав гостям приятного аппетита, он сообщил, что единственное, что от гостей потребуется, — это выйти к этому микрофону и рассказать о своей жизни и о том, как именно их юность сгорела, после этого пусть они пьют, гуляют, веселятся, танцуют, и дальше для них предусмотрены еще развлечения, вечеринка будет длиться всю ночь, а утром их отвезут на автобусе обратно в город, но если кто-то захочет лечь спать — для каждого из них зарезервирован номер в гостинице на базе.

Первым говорил алкоголик Алексей. Он вышел и, как на собрании анонимных алкоголиков, сказал: Меня зовут Алексей. Я алкоголик. Я пью потому, что пил мой отец. А может, не потому. Может, я пью от высокомерия, от презрения ко всему, а может, от любви. Я родился в маленьком городке в Карелии, приехал в Питер учиться и начал пить, бросил учебу и пил, жил у одной девушки, потом она меня выгнала, потом я работал и не пил, потом снова пил, подшивался, работал, снова пил, был в специальном трудовом лагере для алкоголиков — матушка отправила, сбежал оттуда и пил, и сегодня тоже напьюсь, а матушка моя помрет — и я пропаду. Алкоголик Алексей стоял, уже чуть-чуть пьяный, у него было красное лицо, но видно было, что когда-то он был надменен и красив. Он умолчал о том, что хотел стать писателем и написал уже рассказов на целую книгу, но ее было некому дать прочесть, и ни одно издательство ее не принимало.

— Я употребляю всякие вещества, — сказал Антон, — и почти всегда хожу чем-то обдолбанный. У Антона были волосы по плечи, бородка, недоброе лицо и тощие локти. — Без веществ я жил, — сказал Антон, — и работал в сфере IT, и музыку писал для себя, но это все на самом деле была не жизнь. Жизнь — в веществах. Я вначале боялся, а потом решился, меня вначале не брало, взяло с четвертого раза. Остальных взяло раньше, они казались мне упоротыми придурками. А потом — началось. Кайф. Все нравится, что ты делаешь. По телу разливается блаженство. Не описать. Психодел тоже был. Я видел Красоту, цветы… Многих напрягает, что все остальные сферы жизни, кроме веществ, просто перестали мне быть интересны. Ну так это их проблемы. Я и сюда пришел в поисках кайфа, у меня с собой кое-что есть, — и Антон вернулся на свое место.

Душевнобольной Никита был очень высоким и одутловатым, видимо, от препаратов, мужчиной, с лицом ботаника-очкарика. Он стоял у микрофона с таким видом, будто отвечает экзамен, но не может припомнить билет и с трудом складывает слова: Я… э-э… изучал философию математики, писал диссертацию. Тут он замолк и явно забыл, о чем говорил. Писал диссертацию, — услужливо подсказал ему ведущий. — Электрошоковая терапия, не могу вернуться к диссертации… хочу быть ученым, но работаю гардеробщиком в театре, мама устроила, собираюсь вернуться в науку, мне уже лучше.

У Анны были короткие — ежиком — волосы на голове, она была похожа на красивую птицу с огромными рыже-карими глазами и в каком-то огромном, не по размеру, балахоне. — Недавно я прочитала историю двадцатидевятилетней девушки из Голландии, которая получила разрешение на эвтаназию из-за психического заболевания. Эта история никак не выходит у меня из головы, — начала Анна, — и вот я думаю, хотела бы я эвтаназию, если бы у меня была такая возможность? Наверное, нет, хотя умереть я бы не возражала. После смерти я стану травой и камнем, лесом и болотом, перегноем и мхом. Я буду там, где земля и вода. Я стану частью Весны. Однажды летом на даче, когда мне было четыре года, я сошла с ума.

Я смотрела на занавески и потолок и увидела странные образы. Танцевала зеленая балеринка на одной ноге, а за ней шли какие-то животные. Потом я очень испугалась, что моя мама умерла. Она спала в кровати рядом, и я стала ее будить и спрашивать каждую секунду, жива ли она. В студенческие годы я обращалась к психиатру с жалобами на плохое самочувствие, постоянную «тошноту и желтую вату» в голове, жаловалась на то, что большую часть своего времени я не способна ничего делать и мне очень трудно посещать университет. Бывало, что, приняв с утра душ, я настолько утомлялась, что весь день потом лежала недвижимо. В холодное время года мне было хуже, чем в теплое. Спала обычно очень долго, ложилась под утро, а просыпалась под вечер. Меня пытались исключить из университета за прогулы. В шестнадцать лет пыталась покончить с собой. Приняла огромную дозу лекарств, несколько дней лежала, как в коме, потом очнулась. Потом еще один раз приняла большую дозу лекарств. Бегала голая по двору, завернувшись в полотенце, — хотела сбежать из дому. В подростковом возрасте любила чуть что резать руки. Летом после окончания университета из-за совершенно незначительной истории на любовном фронте, которая омрачила мои отношения с любимым человеком, я впала постепенно в несовместимое с жизнью состояние. Я болела более полугода, мне казалось, что я разлагаюсь заживо от СПИДа, у меня немели и отнимались руки и ноги, в них возникали странные покалывания — парестезии, а в теле и голове — странные пугающие ощущения, сенестопатии, открывались язвы на коже, начался неврит на глазу, мышцы на ногах болели так, что хотелось орать, постоянно держалась температура, не сбиваемая даже аминазином. Мне назначали то одни лекарства, то другие. От них все плыло в глазах, была акатизия, полностью пропадал аппетит и любой интерес к жизни; время подбора схемы осталось в моей памяти как самое ужасное и тяжелое. В конце концов я впала в состояние, всем похожее на паническую атаку и абсолютно невыносимое, но отличающееся тем, что оно, в отличие от панической атаки, не заканчивалось. Может быть, это можно назвать дичайшей генерализованной тревогой, но больше этому состоянию подходит эпитет «адские муки, испытываемые при жизни». Это состояние непоправимой биологической поломки, и жить в нем невозможно. Если бы меня из него медикаментозно не вывели, я была бы мертва. Через полгода с лишним мне подобрали лекарство, на котором я вернулась к жизни, и сказали, что, скорее всего, я должна буду принимать лекарства пожизненно. Прошло десять лет, как я принимаю нейролептики и антидепрессанты. На жизнь в общем не жалуюсь, все сносно, не как у здоровых, но сносно. Никакой эвтаназии. Пока.

Дина, которую тиранили родители, была чернобровой красавицей, мечтающей о разделенной любви и семье, но это пока не получалось, потому что надо было всегда быть с мамой и папой, и все ее кавалеры им не нравились. — Они меня недостойны, они про всех так говорят, — Дина чуть не плакала. Один мне очень понравился, мне с ним было хорошо, смешно, какой-то родной он был, что ли. Гуляли весь день, мороженое ели, а как вечер — мне стала мама на телефон каждые десять минут звонить, а не брать я не могу — а то у нее инфаркт будет. А когда к дому подошли — мама у парадной стояла, руки в боки, сама вся белая и в ночной рубашке, и как начала на меня орать, будто я дите малое, даже попрощаться толком не дала с тем парнем. Не позвонил он мне больше. А мне так, как он, никто больше не нравился никогда, все думаю — вдруг он судьбой моей был?

— Я не знаю, почему мне прислали это приглашение, — сказала Вика — девушка с лицом какой-то экзотической рыбки: губами бантиком, большими, чуть выпученными глазами, под которыми пролегли глубокие синяки, и ярким макияжем, — у меня все хорошо, и юность моя пока еще продолжается, да, мне тридцать три года, но я себя чувствую совершенно юной, сейчас можно и до шестидесяти быть юным, и сколько угодно, моя мама вот тоже юная. Мои друзья, правда, считают, что я в полной жопе, но я так не считаю. Я просто жду. Уже одиннадцать лет. Тогда я влюбилась в него, и он обещал развестись. Но у него больная жена, он не может так просто ее оставить, ей все время плохо, он ждет, когда ей станет лучше, и тогда уйдет от нее, за это время она еще и двоих детей ему родила, ну а я все жду, никого другого у меня не было никогда, я тоже хочу детей.

Марта выглядела совсем усталой и замученной. Когда-то она училась на историческом факультете, но сейчас работала кассиршей в магазине, а на свою скудную зарплату содержала мужа-алкоголика, бывшего актера, который то переставал пить, то снова начинал, то лечился, то впадал в белую горячку, а Марта следила за ним, вытаскивала из неприятностей, обзванивала по ночам больницы и морги, тратила на него все деньги и все нерабочее время, занималась его спасением, за руку водила по врачам и психологам, у мужа уже были необратимые изменения психики, иначе как сукой и тварью он Марту не называл, иногда бил, а она смертельно от него устала, но как жить по-другому, не знала. — Не могу же я его бросить, — сказала она, — он же без меня погибнет. А я его все-таки люблю. Я еще ребенка от него рожу.

— Я работаю в полиции, — сказал атлетически сложенный, коротко стриженный Кирилл с оловянными, в никуда смотрящими глазами, — и, кажется, у меня наступило профессиональное выгорание. Кажется, что-то не то происходит, я не понимаю вообще. Я хотел помогать людям, бороться с преступностью, хотел быть хорошим, понимаете, а все время происходит что-то не то, и все вокруг как-то не так, в общем, я не понимаю. Вот, например, дали задачу: найти тех, кто наркотой занимается, для отчета надо, и мы с напарником стали людей останавливать, молодых, мы их останавливали, отводили в подвал здания полиции и там допрашивали, очень жестко допрашивали, нам сказали так делать, изучали содержимое их телефонов, планшетов, угрожали им, раздевали их, но мы не подкидывали ничего, мне вообще тяжело поначалу было бить людей, я хотел быть хорошим, а теперь ничего не хочу, теперь я робот, а вообще я нормальный человек, я смотрю «Игру престолов».

Татьяна была крепкой коренастой женщиной с суровым лицом родины-матери, видимо, постарше большинства здесь присутствующих. — Бога нет, — начала она свой рассказ. Замолкла, обвела всех глазами, — Бога нет, а я всю юность его искала. Была в разных сектах, с баптистами, с харизматами-неопятидесятниками, со свидетелями Иеговы, продала квартиру, ездила по всяким местам, чувствовала Бога, молилась, и было у меня счастье, когда мы с братьями и сестрами молились в лесу, взявшись за руки, и мистические переживания, все было. Я начала путешествовать по сектам в тринадцать лет. Страна лежала в руинах, люди скурвились, этому надо было противопоставить хоть что-то. Только ложь была кругом. Я могла бы убивать. Подумывала стать киллершей, но вместо этого пошла в секту. Мы хотели спасти весь мир, мы говорили с Богом. Я видела Бога в своем сердце так же ясно, как вижу вас сейчас в этой беседке. А потом однажды утром я встала и поняла: Бога нет. Ничто этому не предшествовало, а просто как-то вдруг стало понятно. Поняла, зачем люди ходят в эти секты. По психологическим причинам. А у меня психика умерла, и все психологические причины отпали. Я поняла, зачем мне Бог, и он стал мне больше не нужен. А нужен он мне был потому, что хотелось быть частью сообщества, семьи, хотелось какой-то альтернативы, и еще я очень боялась, что после смерти ничего нет, и еще мне хотелось, чтобы над всеми этими преступниками, которые нами управляют, был кто-то самый главный, сильнее их всех и лучше, и всех их на место поставил, и хотелось, чтобы была книга, в которой все ответы написаны, чтобы по ней жить и не мучиться. И вдруг мне это все стало не надо. И я спросила себя: желаю ли я Бога самого по себе, без всего вот этого? И ясно поняла, что все вот это мне было нужно, а Бог сам по себе совершенно ни к чему. Что с ним делать-то, с Богом. А раз он мне не нужен, то, значит, его и нет.

Накачанный, гипермускулинный Евгений вышел и негромко рассказал, что всю жизнь скрывает свою гомосексуальность и из-за этого живет как будто не своей, чужой жизнью и несчастлив. Он долго и сам себе не мог признаться, и родители у него были люди очень строгие, старой закалки, они бы не пережили. А теперь их уже и нет на свете, но Евгений женат, у него дети, друзья его считают мачо и бабником. Втайне от жены и детей он встречается по углам и притонам с другими мужчинами, в общем, ведет двойную жизнь. — И, похоже, это навсегда, — подытожил Евгений.

— Я ничего не добился, — сказал краснощекий пухлый Платон, — потому что я лентяй. Безвольный человек. Больше тут ничего не скажешь. Лежу на печи, ем калачи. Мама кормит. Жизни боюсь.

Вышел кудрявый Арсений в порванном на плече пиджаке и глубоким низким голосом произнес: Я поэт. Этим все сказано. Как сказала Марина Цветаева, поэт неизбежно терпит крах на всех других путях осуществления. Я терплю крах. Но я поэт. А поэт в России больше, чем поэт.

Когда все присутствующие произнесли свои краткие речи, после каждой из которых следовали инициированные ведущим аплодисменты, ведущий сказал: Внимание! Гип-гип-ура! За то, что вы пришли сюда, и за вашу откровенность вы все получаете второй шанс! Это дар от неизвестного благодетеля! Берите же его и наслаждайтесь им! Пусть мертвые хоронят своих мертвецов! Начинайте свою жизнь с чистого листа, и пусть все ваши мечты исполнятся!

— Второй шанс? Мне не нужен никакой второй шанс, — сразу возмутился Антон, — это чтобы я бросил употреблять вещества и вернулся к так называемой нормальной жизни? Нет уж, спасибо. Знаем мы эту вашу нормальную жизнь. Мы лучше с веществами.

— И мне не нужен второй шанс, — подхватила Вика, — если я начну жизнь как бы заново, на мне никогда не женится мой любимый мужчина, а я должна его дождаться.

— И я не могу бросить мужа, на что мне тогда второй шанс, — устало сказала Марта.

Поэт Арсений сказал: Ваше предложение абсурдно. Я же великий поэт, а лучше этого ничего нет и не бывает.

— Нет никакого второго шанса, — сказала Татьяна, — мне он не нужен, значит, его нет.

Алексей сказал: — У меня этих вторых шансов было, как говна нерезаного, и каждый из них я проебывал, и этот проебу, задолбали уже вашими вторыми шансами, дайте спокойно пожить человеку в безнадеге.

Чернобровая Дина задумалась, а потом как-то виновато сказала: — Извините, пожалуйста, но думаю, что моим маме с папой не понравилось бы, если бы я воспользовалась вторым шансом.

Душевнобольной Никита промямлил: Э-э… нет, спасибо, не нужно, мне уже лучше, не зря же мне столько раз электрошоковую терапию делали, не зря же это все, я как-то боюсь что-то менять, у меня и так все получится … э-э … скоро … стану большим ученым…

Лентяй Платон был с ним солидарен: Вот-вот, и я боюсь что-то менять. Не хочу напрягаться. Все равно не получится. Все равно все умрем.

Анна долго думала и тоже отказалась: Это моя жизнь, пусть она трудная, но я научилась жить со своей болезнью, и, во многом благодаря ей, я та, кто я есть. И я с подозрением отношусь к неизвестным благодетелям. Но я все-таки рада, что сюда попала. Я заметила объявление в баре, что ищут девушку для работы за стойкой, проживание на базе, зарплата нормальная. Я как раз ищу работу вдали от города, на свежем воздухе и чтобы было где жить. Попытаю счастья. Может, это и будет второй шанс. Мне кажется, второй шанс вообще есть всегда, пока ты не забился в смертной агонии, и не нужно его никому специально даровать. Шансов — вообще сколько угодно, пока ты живешь. Новый день — новый шанс. Я так живу, и не горюю о том, что утрачено безвозвратно. Так что я как-нибудь сама справлюсь.

Евгений разозлился: Какой еще второй шанс? Не быть геем? Быть геем и не скрывать? Говорю же, у меня жена, дети, репутация, я скован по рукам и ногам.

Кирилл же, обведя присутствующих своими оловянными глазами, одновременно равнодушно и как-то жалобно произнес: Мне ни от кого ничего не надо. — Все как-то не так. Я ничего не понимаю вообще.

Мимо проходил бармен, старый Макс, он слышал реплики гостей и ухмыльнулся в бороду: Все, как в прошлом году, — он подмигнул ведущему, — все, как всегда. — Конечно, вы вольны не воспользоваться вашим вторым шансом, — сказал ведущий гостям, — это дело добровольное. Пожалуйста, ешьте, пейте, общайтесь, скоро будут танцы.

Дальше началась обычная тусовка. Все ели, пили, общались. Алкоголик Алексей подкатил к Марте и предлагал ей поменять своего мужа-алкоголика на него, она, дескать, будет делать все то же самое, а он будет относиться к ней лучше. Анна пошла разведывать территорию базы и потолковать с начальством о возможной работе. Антон достал какое-то вещество, которое надо было закапывать в нос, закапал себе и предлагал понравившейся ему Дине, а она отнекивалась, что мама с папой бы этого не одобрили. Никита пошел искать Анну, чтобы пообщаться с ней на тему опыта преодоления душевной болезни. Поэт Арсений спрашивал

Вику, которая много лет ждала женатого мужчину, готова ли она стать его музой. Распоясавшийся в незнакомой среде Евгений, поигрывая мускулами, намекал на возможный секс в кустах Платону, который лениво и опасливо сопротивлялся его домогательствам. Кирилл одиноко бухал, глядя в пустоту, а Татьяна ушла в лес помолиться — хоть в Бога она теперь не верила, но по старой памяти молиться в лесу ей нравилось — расслабляет и для здоровья полезно, а Бог тут ни при чем. Чтобы не выглядело так, что она молится тому Богу, в которого не верит, она нашла в лесу старый пень и молилась ему.

Новый год без мамы
(Пять писем)

Тридцатого декабря Александр с девятилетним сыном Тимофеем заселились в двухместный номер в загородном клубе «Сосны». Они собирались встретить на следующий день Новый год и остаться в «Соснах» до второго января. Удовольствие не из дешевых, но Александр просто не знал, как встречать Новый год вдвоем с сыном, и боялся, что дома им будет скучно и грустно: это будет первый Новый год без Анны, мамы Тимофея. Семь месяцев назад она ушла от них в другую семью. Анна раз в неделю звонила Тимофею и спрашивала, как дела, а раз в месяц приезжала к нему с подарками и виноватым лицом, уже беременная от нового мужа. Забрать Тимофея к себе она не могла, было некуда, они жили с новым мужем в маленькой однокомнатной квартире, да и Тимофей бы не поехал. Вот Александр и подумал, что надо как-то развлечь сына в Новый год, ведь в клубе будет банкет с новогодней программой, конкурсы, призы, дискотека. Загородный клуб «Сосны» располагался рядом с лесом и озером, вдали от города, и для самого Александра там была баня, бильярд и бар «Мотор», где можно посидеть вечером и опрокинуть стаканчик. А в лесу можно покататься на лыжах, это они с сыном любят.

Отец и сын не спеша прогуливались по территории: снега вокруг было так много, что даже машины на парковке и деревянная будка на входе в нем почти утонули. Из сугроба торчал викторианский фонарь на деревянном столбе. Ресторан «Озерный» сиял рыжими и золотыми огнями подсветки, сквозь стеклянную стену видны были аккуратные столики. Ослепительно-белый пляж плавно переходил в огромное снежное озеро. На расчищенной детской площадке какие-то малыши катались на качелях и каруселях с веселым гомоном. Рядом, за обитым зеленым искусственным лапником забором неожиданно оказалась резиденция почетного консула Непала. На кованых воротах были изображены какие-то избушки, гуси-лебеди, мельница, деревья, крестьянин с волом и солнце. Тимофей улыбался, изучая окрестности, а Александр думал, как отвечать на письмо.

Вечером, после ужина, Тимофей отправился в номер посидеть за ноутом, поиграть в игры, а Александр пошел в бар «Мотор» — чтобы, пропустив стаканчик-другой, наконец уже ответить на это письмо. Письмо было от Тимофея Деду Морозу. Каждый год Тимофей писал такое письмо, рассказывал в нем о своих достижениях за год и о своих желаниях, и опускал в почтовый ящик, а мама с папой доставали его и покупали

Тимофею подарки, которые он заказывал. В этом году Тимофей написал странное письмо: «Здравствуй, Дед Мороз. Я знаю, что ты не существуеш. Я очень разочарован. Ты обманывал меня столько лет, претворялся, что ты есть, а тебя нет. Я больше ничево от тебя не хочу. В этом году мне было неинтересно учится и грустно жить. Если бы мама вернулась домой, я бы снова хорошо учился, но ты не можешь этого зделать, я знаю. К нам в школу приходил священик и все рассказал. Теперь я знаю, что Деда Мороза не существует, а существует Бог. И я понял теперь, что как Дед Мороз ты не существуеш, но существуеш как Бог. Тебя зовут Яхве, Иегова и Саваоф. Взрослые не верят в Деда Мороза, а верят в Бога. Но ты все равно ничего не можеш, потому что бабушка умерла, а мама ушла. А если и можеш — мне теперь все равно. Я пишу это письмо просто, чтобы ты знал, что мне от тебя ничево не надо и что я теперь знаю, кто ты на самом деле».

Александр подошел к бару «Мотор», спрятанному на заснеженном холме на самой границе с лесом. Рядом с баром стоял бывалый, весь в наклейках черный джип, а на крыше здания в снегу угадывалась старенькая копейка. Внутри Александру сразу бросилась в глаза надпись на туалете “Run Forest Run”, множество наклеек на стенах, новогодняя подсветка. В углу стоял телек, на стене, среди многочисленных фотографий с машинами и номерных знаков, висел красный стяг с тигром. Александр сел за круглый столик рядом с печью, у которой была очень большая труба и маленькая топка, наискосок от входной двери. Заказал крепкое пиво, начал писать ответ, и, пока писал его, выпил несколько кружек, потому что писать он был, мягко говоря, не мастер. Ответ получился такой: «Здравствуй, Тимофей! Ты прав — Деда Мороза не существует. И я рад, что ты уже такой большой, что это понял. Все эти годы я — этот несуществующий Дед Мороз — радовался твоим успехам и верил в тебя, и буду верить в тебя всегда. Что касается Бога, Яхве, Саваофа или как его там — не верь священникам, есть Бог или нет — ты решишь сам, когда вырастешь. Мне очень жаль, что бабушка умерла, а мама ушла. Ты прав — я не могу их вернуть. Я бы тоже этого очень хотел, но не могу. Пожалуйста, не грусти и хорошо учись. У тебя все обязательно будет хорошо в жизни. И я всегда буду помогать тебе. Держись и никогда не сдавайся! Я горжусь тобой. С Новым годом!». Тут надо бы поставить подпись, но Александр не понимал, как подписать такое письмо — то ли от Деда Мороза, то ли от Бога, то ли вообще непонятно от кого, и подпись ставить не стал.

Тем временем Александр изрядно опьянел, и решил продолжить эпистолярное творчество — попробовать самому написать письмо Богу. Он взял следующий лист и начал было писать: «Здравствуй, Бог. Я знаю, что ты не существуешь. Я очень разочарован». Что писать дальше — было непонятно. Александр почувствовал, что ему не о чем говорить с Богом, и все это бессмысленно. Хотелось написать кому-то близкому, родному, любимому, кто бы его понял, кому можно излить душу, с кем можно говорить обо всем. Определенно это был не Бог. Такой человек был только один — его покойная мама. И Александр смял и выбросил в мусорку письмо Богу и, прихлебывая пиво, начал писать письмо мертвой матери. «Мама! Мамочка! Как мне тебя не хватает — если бы ты знала! Я — как маленький, так нуждаюсь в тебе. Аня ушла, эта сука, она ушла. Тимофей замкнулся. Я один. Мне плохо. Мне страшно. Я хочу плакать, и чтобы ты пришла. Я так перед тобой виноват. Прости меня за все, за то, что оставил тебя, за то, что так мало уделял тебе внимания. Мне страшно от того, что ты мертвая, под землей. Выходи оттуда, мама, просыпайся от смерти и выходи! Сын тебя зовет. Под снегом, на кладбище, пусть забьется снова твое сердце! Воскресай! Я приказываю тебе — воскресай! Я чувствую, как пахнет овсяной кашей из твоей груди». Александр был уже очень пьян и понял, что должен немедленно отправить это письмо маме. «Как у вас тут связаться с мертвыми?» — спросил он бармена, бородатого Макса. «Это лучше в лесу, — ответил Макс и подмигнул, — у нас там самое лучшее место для связи с мертвыми». «А как мне отправить письмо мертвому человеку?» «А ты закопай его в снегу», — сказал Макс. «А оно точно дойдет?» «Обязательно дойдет, — заверил Макс, — только закопай поглубже». И Александр пошел в лес.

Он спустился с холма, надел специально взятый для вечерних прогулок налобный фонарь, вышел за шлагбаум и оказался в лесу. Вначале дорога была еще расчищена, а потом она разделилась на две тропы в снегу, он свернул на одну из них, и она вскоре тоже разделилась на две едва заметные тропки, а потом Александр шел вообще без тропы, и у толстенной сосны в снегу он закопал свое письмо. Чуть не обморозил руки, пока закапывал, поссал на снег, сел под сосной и заплакал — впервые за много лет. И еще немного протрезвел и вдруг как-то понял, что не знает, как возвращаться назад. Он хотел вернуться по своим следам, но следы куда-то исчезли, снег лежал ровный и девственный вокруг сосны, под которой он стоял. Не было следов и все. Какой-то странный свет загорелся в небе. Александр испугался. Он вдруг понял, что по пьяной дурости оказался в лесу ночью, и в этом лесу что-то не так, происходит что-то странное. А Тимофей, наверное, уже лег спать, один в номере, и не знает, что папа тут замерзнет или… Что или? Явно что-то нехорошее. Вот и свет какой-то недобрый, уже и фонарь не нужен. Вроде ночь, а лес весь белый. Не только снег белый, а и стволы, и все вокруг. Александр чувствовал, что он находится там, где быть нельзя, куда не стоит ходить, а он пошел, вот и белая лисица пробежала мимо — песец, что ли? На дереве раздались какие-то шорохи, и снег с ветки посыпался вниз. Александр посмотрел вверх и увидел на ветке какую-то странную белую птицу. И еще: лес как будто стал двигаться, посмотришь на дерево, а оно уже не там, где было секунду назад, как будто весь лес горит в каком-то подвижном белом огне, внутри ледяного пламени, и там, внутри, он меняется вместе с пламенем. А на небе этот странный свет, и какие-то лучи, которые, как дикие утки, ныряют вниз, с неба; и даже пуховик, в котором был Александр, из черного стал белым. И ботинки, и брюки. Кто-то следит из-за ветвей. Вот рядом — голое старое дерево, и на нем вообще нет снега. Оно ухмыляется. Вдруг его ствол раскрылся, как куртка на молнии, как будто оно зовет войти внутрь. Оттуда, из черной дыры в белоснежной коре, доносится страшный скрежет. Там явно кого-то жрут и чавкают. Из-под земли звучит музыка. Вдруг к Александру подошел здоровый, откормленный лебедь. В горле его играли трубы. Он что-то сказал, Александр понял, что лебедь ему что-то сказал, непонятно что, но, наверное, это было «Добро пожаловать». Александр так подумал, что это было «Добро пожаловать». Твою мать, откуда здесь лебеди? Александр бросился бежать, не разбирая дороги, в подвижном, ежесекундно изменяющемся лесу. На соснах вырастали огромные белые цветы. Выла волчья мать. Александр откуда-то знал, что это волчья мать. Он видел танцующих чудовищ, кабанов, с наглыми, почти человечьими мордами, видел глаза без зрачков, слышал, как плачут поваленные деревья, как кричат камни, истекая кровью. В небе пролетел покрытый волосами щит. На лесной поляне Александр вдруг увидел олениху с оленятами: они застыли в лунном свете и чутко слушали чьи-то крадущиеся шаги — поступь не мертвого, не живого.

Вдруг откуда-то из-за ветвей Александр услышал такой знакомый мальчишеский голос: «Папа!» «Тимофей!» — папа ринулся на крик. О Господи, Тимофей пошел его искать и тоже попал сюда! Тимофей стоял на некотором отдалении. «Папа, за мной, я знаю дорогу!» — и он побежал. Александр побежал за ним. Мимо кто-то косматый проехал на лосе, а в снегопаде образовалась и тут же растаяла волчья морда. Какие-то существа с длинными струящимися телами и круглыми горящими глазами мчались за ними. На стволах отверзлись древесные очи, а в небе из черноты выступили огромные, круглые, вращающиеся планеты. Низко-низко, у самых верхушек сосен, пролетела комета, и у нее был хвост, как у сороки. Из пней деревьев торчали головы с заснеженными волосами и злобно смотрели им вслед. С неба посыпались глыбы льда. Тимофей ловко увертывался от них, а Александр еле-еле уворачивался и бежал, стараясь не потерять из виду Тимофея. Он бежал, все еще пьяный, и кричал Тимофею сквозь снег и ветер, уворачиваясь от ледяных глыб: «Сынок, прости меня, сынок! Ты прав — Деда Мороза нет! И Бога нет! Никого нет! Священники врут, президент врет, все врут! Есть только эти в лесу, с горящими глазами! Есть только лебедь, твою мать! Вот что есть! Есть волчья мать! Есть глаза на деревьях! Есть головы на пнях! Вот что есть, вот где правда! Прости меня! Это из-за меня мама ушла! Из-за того, что я слишком много пил! Я больше не буду так делать! Прости меня, сынок! Это я виноват! Твоя мама ушла! Бабушка умерла! Никого нет! Только лебедь! Только мы с тобой друг у друга! Мы не сдадимся! Они нас не догонят! Мы не сдадимся, сынок! Мы их сделаем! Проклятый лебедь! Нас голыми руками не возьмешь! Запомни, сынок, русские не сдаются! Ты для меня все! Я всегда верил в тебя и буду верить! Учись хорошо! Не грусти! У тебя все будет хорошо! Держись и никогда не сдавайся! Я люблю тебя! Прости меня!» Они выбежали из леса и оказались у самой базы.

Странный свет в небе исчез, все казалось вполне обычным, только началась дикая, сбивающая с ног метель. Александр и Тимофей теперь шли рядом, почти не видя друг друга, молча продирались через метель. Они прошли мимо пустой детской площадки и ночного ресторана, мимо бани и беседки и подошли к номерам. Еле шевелящейся рукой Александр нащупал в кармане ключ и открыл дверь. Он обернулся, чтобы пропустить сына вперед, но Тимофея больше не было рядом. Лишь на небе что-то странно вспыхнуло, как будто еще один, прощальный нырок лучей света рядом с ним, в соседний сугроб, и в сугробе что-то блеснуло, как будто какой-то кусок особенно белого, мерцающего своей белизной снега.

Александр подошел и увидел неизвестно как туда попавшую, быть может, оброненную кем-то елочную игрушку. Но как же эта игрушка была ему знакома! Это был голубь, весь белый, как сахарный, почти неотличимый от снега, и он держал в клюве такое же белое письмо. Это была один в один любимая елочная игрушка его матери, он помнил ее еще из детства. Мама очень любила Новый год и наряжать елку, всегда наряжала ее сама, и у нее была коробка со старинными игрушками, доставшаяся ей еще от ее родителей. И там был в точности такой же почтовый голубь. Она медленно, с удовольствием открывала коробку и доставала игрушки одну за другой из старой, пожелтевшей ваты, развешивала их на елке, тщательно выбирая место, а под самый конец вешала несколько своих самых любимых игрушек, и среди них этого почтового голубя. Так она делала всю жизнь, и когда Александр уже не жил с ней, и в тот злополучный год, когда они с Анной и Тимофеем были у нее под Рождество, и Александр с Анной разругались прямо при маме и ребенке из-за того, что он опять слишком много выпил, и, разозлившись, Александр резко встал, чтобы пойти покурить на балкон, задел елку, да так неудачно, что голубь упал и разбился. И мама тогда ничего не сказала, никак его не упрекнула, только потом, через несколько лет, уже плохо соображая, все искала перед Новым годом этого голубя, не могла понять, почему его нет в коробке, и жаловалась Александру, что не может его найти, и это был ее последний Новый год. И вот теперь точно такой же голубь, целый, лежал в сугробе. Александр бережно поднял его и вошел в свой номер.

Тимофей спал в своей кровати, заснул, не дождавшись отца. Александр опустился на диван. Снял одежду, отряхнул снег. Из кармана выпало письмо сыну, — письмо, у которого был адресат, но не было отправителя. Александр внимательно перечитал это письмо и подписал внизу: «Папа», после чего аккуратно положил письмо Тимофею под подушку. Затем достал до поры спрятанный подарок — фотоаппарат Canon и положил на тумбочку у кровати сына.

III. ИВАН КОЛЕНО ВЕПРЯ

Бог урагана

Мы не знаем, что творится в квартире наверху. Мы никогда этого не знали. А как это узнаешь — между нами потолок, то есть пол, то есть потолок, ну вы поняли.

Пожалуй, я и не хочу это знать. Как говорится, много будешь знать — скоро состаришься. Мне кажется, там живет старик. Мы все так думаем.

Старый хрыч, выживший из ума. Он всегда там жил, наверное, даже еще до того, как построили дом. По крайней мере, когда мы въехали пятнадцать лет назад, он был уже там. По косвенным признакам. Других признаков у него вообще нет — только косвенные.

Мы не видели этого старика. Мы никогда его не видели. А может, и видели где-нибудь у подъезда или во дворе — только не поняли, что это *тот самый старик*.

Музыка. Косвенным признаком его существования всегда была музыка. Хотели бы вы, чтобы так о вас сказали — *там, где вы, всегда музыка?* Легко ответить «да», но умный человек скажет: смотря какая. А то ведь всякое может быть, например, там, где вы, всегда будут песни Филиппа Киркорова. Если так, я точно хотел бы быть не там, где вы, а где-нибудь в другом месте, например, там, где… ну хотя бы Моцарт или Rolling Stones. Но, честно говоря, одна и та же музыка, какая бы прекрасная она ни была, все равно надоедает. Задалбывает. Даже Моцарт. А тут — пятнадцать лет — советские песни. Я их вообще люблю, советские песни, особенно из детских фильмов, но в том случае, если сам их включаю, в соответствующем возвышенном настроении, ложусь на диван, плачу крокодильими слезами и думаю «какую страну проебали», «какой антропологический проект провалили», «какое детство ушло, ушло безвозратно». А у соседа сверху, похоже, всегда такое настроение, и из комнаты над нами годами доносятся включенные на полную громкость советские песни, один и тот же сборник: «вдруг как в сказке скрипнула дверь», «Маруся молчит и слезы льет», «лесной олень», «трутся спиной медведи о земную ось» и т.д. Звукоизоляция у нас плохая, и музыку слышно, как у себя дома. И так он эти песни слушает практически каждый день все пятнадцать лет.

Мы давно смирились. За эти годы чего только с нами не происходило под эти советские песни. Мы все немножко сошли с ума, ломались судьбы, разваливались и создавались семьи, старшее поколение утонуло в ванной, сварившись в кипятке. В худшие дни я думал, что наверху вообще никого нет, а стоит психотронный генератор и сживает нас со свету, попутно проигрывая советские песни. Огромная таинственная машина со всякими там кнопками, лампочками, создающая вредоносное пси-поле. Может быть, старик работает ее оператором. Я поделился этой идеей с домашними, и на семейном совете было решено сделать шапочки из фольги и носить их на всякий случай. Не то чтобы это мы всерьез, так, на всякий случай, мы, конечно, в это не верим, но вокруг и без того столько вредоносного излучения, что шапочка из фольги точно лишней не будет. В наше время всем нужно носить шапочки из фольги, даже если у вас нет такого соседа, как у нас, тем более что у нас-то он есть, и, я думаю, вы не станете упрекать нас за желание хоть как-то себя обезопасить.

На днях сосед дважды дал о себе знать. Так сказать, открыл себя с новой стороны. Явил свои новые косвенные признаки.

Два дня назад у нас плакал ребенок, и сосед сверху с негодованием стучал нам. Пятнадцать лет мы слушали его музыку и молчали, но вот у нас заплакал ребенок, и сосед с негодованием стучал по потолку, то есть по полу, то есть по потолку, ну вы поняли. Наверняка он стучал своей стариковской клюкой. Я так и чувствовал всю его ярость и возмущение в этом красноречивом стуке.

А вчера днем было что-то очень странное: вместо советских песен сверху доносился шум урагана, гул непонятного происхождения, завывания ветра, шум вырываемых с корнем деревьев, рев. Слышно было очень хорошо, и продолжалось это несколько часов. Мы все собрались в комнате и слушали. «Не ураган же у него там», — говорили мы, «не шторм же у него в квартире», «не смерч же там бушует», «не торнадо же это»... Это были конкретно звуки урагана, шторма, смерча, торнадо. Уже вечером мы узнали, что в эти часы в Москве был ураган и погибли люди.

Пустая квартира. Без мебели. Без людей. И в ней — звуки грозы, нарастающий гул, звон разбиваемых ветром стекол, скрип стволов деревьев, шум их крон, аромат черемухи, сотрясаемой штормом, крики погибающих людей, лязг поднимаемых в воздух автомобилей.

И, может быть, один старик, древний-древний, сидящий на полу в центре комнаты, скрестив ноги. В глазах у него ветер. Ветер вместо лица. Ветер исходит из пальцев его поднятых рук. Дуновение зацветающей сирени, свинцовые отблески неба.

Мы не знаем, что творится в квартире наверху. Мы никогда этого не знали. Мы ходим по квартире в шапочках из фольги. В Москве — ураган. Сосед — сволочь.

Что на небе ценится

Сказка о Боге и богаче

Все богачи мира знают: иногда к ним приходит Бог и просит взаймы. Бог — нищ, человек — богат, Бог — безрассуден, человек — благоразумен, Бог — пройдоха, а человек охает, да дает. Кто говорит, что Бог не мужик на небе? Мужик на небе и есть, а все прочее от лукавого. Долго ли коротко ли, жил-был и все такое, по воде аки посуху пришел Бог просить денег и у нашего богача. Нужны они были ему, потому что он опять все проиграл черту, только греха в этом нет — это деньги мирские, их проигрывать можно, а вот выигрывать нельзя, это уже нехорошо как-то. В общем, все как обычно: пришел Бог, просит денег, говорит, дескать, потом верну. А богач ему в ответ: не надо мне деньги возвращать, знаю, что их у тебя нету, но дошел до меня слух, что они на небе и не ценятся ни фига. Верни мне долг тем, что на небе ценится. Богач сам в деньгах купается, а радости никакой. Бог ему тогда говорит: может, хочешь чего-то, чего у тебя нет? Дворцов, яхт, любовниц? Богач ему на это: Не хочу, все у меня есть, все достало. Верни мне долг тем, что на небе ценится. Ну, говорит Бог, есть у меня для тебя пара вещичек, стоят они недорого, но тебе понравятся. Скоро их увидишь — меня вспомнишь. А пока давай денег. Богач дал ему денег, долго за это на него ругалась его жена, что опять он этому нищему проходимцу Богу помогает, ее бы воля — она бы этого Бога и на порог не пустила. Три дня она кости мужа пилила по этому поводу, ну а он ничего — привык, и живут они дальше.

Сказка сказывается, да дело делается, и встретил богач бомжа. И была на этом бомже та самая рваная куртка, которую носил богач когда-то, когда был еще бедняком. Куртку эту, когда ему было 12 лет, подарил ему американец Боб, который купил ее у индейца. Это была ковбойская куртка с лапшой. Она прошла с богачом, который был тогда бедняком, огонь, воду и медные трубы. Она хранила его и берегла. Он проходил в ней всю юность, спал, подложив ее под голову на чердаках и в подвалах, когда ему было негде спать, путешествовал в ней автостопом, когда он был молодым хиппи, катался в ней на мотоцикле, прятался от милиции. Она старела, ветшала, но богач ни на какую новую одежду бы ее ни променял. Она была символом его юности и свободы и памятью о них. Старая мать богача, когда еще была жива, ставила ему на эту куртку заплаты. Потом богач стал богачом, женился, и эта куртка не понравилась его жене. Он стал редко ее носить — только по особым случаям, а однажды стал искать ее и не нашел. Жена ее выбросила на помойку втайне от него и, когда он спросил ее, зачем она это сделала, ответила: «Она была такая рваная». И тут, значит, видит богач бомжа, а на бомже эта самая куртка, нашел он ее на помойке и ходит в ней. Сердце в богаче просияло, он вспомнил слова Бога, подошел к бомжу и купил у него эту куртку в обмен на новую квартиру, дорогую одежду и ежемесячную пенсию.

Песня поется, да телега трясется. Дальше — больше. Богач наш был человек неплохой и помогал детским домам, спонсировал покупку одежды, игрушек, лечение больных детей. И вот как-то посетил он с благотворительным визитом один детский дом и увидел там своего кису-мишу. Киса-миша был круглый, желтый, как солнце, плюшевый полукот-полумедведь. Это была его любимая детская игрушка, и он узнал все ее приметы: пятнышко от пролитой им зеленки на конце хвостика, оборванное левое ухо. В детстве у богача, который был тогда маленьким сыном бедняка, было совсем мало игрушек, и больше всех он любил кису-мишу. Он спал с ним в кроватке, пока не вырос, а потом его игрушки хранились в квартире у его старой матери. Когда его мать умерла, жена богача выкинула все ее вещи и заодно детские игрушки богача. Богач узнал об этом и очень расстроился, а жена сказала ему: «Ну они же тебе больше не нужны. Теперь ты владелец дорогих, роскошных вещей, и тебе не нужны бедные, облезлые, плохие игрушки». И вот богач увидел в детском доме кису-мишу, сердце его просияло, и он вспомнил слова Бога. Когда-то какой-то добрый человек принес игрушки с помойки в детский дом, кису-мишу выстирали и оставили там. Богач попросил разрешения забрать его, а всем деткам купил дорогие и новые плюшевые игрушки.

Байка травится, присказками славится. Гром гремит, трава трясется, да поют малиновки после, поутру. Прошло еще время, и богач поехал в деревню, где был дом его деда, а потом его старой матери — нищий, ветхий домишко и садик. Только не было там уже ни домишки, ни садика, жена все снесла и построила дорогой коттедж. А когда рабочие все сносили, по приказу жены богача срубили кедр, потому что он «мешал». Этот кедр богач посадил в юности, когда еще был бедняком, вместе со своей первой любимой девушкой. Посадили они его из проросшего кедрового орешка, и каждый год смотрели, как он растет. Не сложилась судьба с той девушкой, а кедр срубила жена. И вот — приехал туда богач, идет по участку к своему коттеджу — вдруг видит, в траве на том месте, где прежний кедр был, новый кедр поднимается. Старый-то ронял свои семена, и молодой из его семени взошел. Сердце богача просияло, и он вспомнил слова Бога. Обнес кедр изгородью, велел поливать и ухаживать, а сам долго стоял рядом с ним, вспоминал и плакал.

Когда снова пришел Бог к богачу просить денег, богач его и спрашивает: как же ты смог куртку мою вернуть, кису-мишу и кедр? Бог и говорит: да так, с неба спустил, были они там у меня и ценил я их очень, но ты у меня попросил дать то, что на небе ценится — вот я и дал. Богач недоумевает: как они туда попали? Бог и говорит: есть в сердце человека игла, которая всегда болит, в ней есть ушко, в это ушко идут караваны верблюдов и провозят сквозь него на небо вещи, которые люди любили всем сердцем. Бог ушел, а жена кинулась на богача, что тот, значит, опять Богу денег дал. Богач ей и говорит: Бог мне долг вернул тем, что на небе ценится. И рассказал ей про куртку, кису-мишу и кедр. Жена фыркала-фыркала, а потом и спрашивает: я же твою куртку выкинула, думала, сгниет она на свалке, и кису-мишу выкинула, думала, никто не подберет его, и кедр срубили по моему приказу, а сад бетоном залили — как же Бог смог их тебе вернуть? Не иначе как прямо с помойки вещи на небо попадают? Как это возможно? А так, — говорит богач, — есть в сердце у меня игла, а в ней ушко, там ворота на небо. Жена как про это услышала, сразу захотела на небе жить, думает — там богато, все есть, полезла в сердце к богачу, нашла иглу, хочет пролезть, а не может. И так лезет, и сяк лезет, и вроде худая сама, фитнесом всяким занимается, следит за собой, а в ушко не пролезть ей. Видит: и караваны верблюдов туда идут груженые, везут все, что сердце богача любит, и щенок, которого они недавно завели, туда проходит, и котенок их британский туда проходит, и мышонок, которого богач подобрал недавно в подвале коттеджа, проходит, а она не проходит. Тут ей богач и говорит: уходи из моего сердца, видно, не люблю я тебя. И прогнал ее от себя, а сам жил счастливо, помогал нищим и детям, сажал деревья и всегда давал взаймы Богу.

Иван колено вепря

Пражская история

Как это с ним случилось, лучше Иван сам расскажет. Тем более он любит рассказывать эту историю, как только напьется, и, бывает, повторяет ее раз по десять: про то, как съездил он в Прагу, кого там встретил и как это все произошло. Мы-то все уже много раз слышали эту историю, а вы — человек новый, и даже не представляете себе, о чем пойдет речь. Так что не медлите, да и подсаживайтесь за наш столик, Иван уже начал свой рассказ:

«...в тот год жара в Праге стояла феноменальная: за тридцать градусов в тени, за сорок на солнце, и так всю неделю. Кто-то сказал мне тогда, что это была самая жаркая неделя в Чехии за последние шестьдесят лет. Жил я на правом берегу, относительно недалеко от центра — десять минут на трамвае. Каждый день гулял: то по высокому, холмистому левому берегу, то по старому городу среди толп туристов. Что мне понравилось больше всего? Да много чего: собор св. Вита, еврейский квартал, но столько туристов было на улицах, что и Праги толком не увидать, одни китайцы с флажками. Я тоже был туристом, которому родители подарили поездку в Прагу летом после окончания третьего курса, и, как полагается туристу, посетил ряд экскурсий. В первый день была пешеходная обзорная экскурсия по старому городу и остаткам еврейского квартала, а вечером совершенно уморительный дяденька, как из клоунады тридцатых годов, провел нас на экскурсию «Мистическая Прага» — рассказывал про городские легенды и всякую мистику. Ездил я также в Чески-Крумлов и замок Глубока над Влтавой. Я даже купил карту Чехии, на которой были отмечены и изображены все замки. Просто пальцем некуда ткнуть в этой стране — замок на замке. И всюду поля с маками. Замок в Чески-Крумлове, замок Жлебы и крепость Локет напомнили мне замки из чешских фильмов-сказок семидесятых годов студии «Баррандов». Они в этих замках и снимались. Там вечно были юные, бледные и белокурые принцессы. Я даже пересмотрел «Златовласку» на компьютере. Но история моя не об этом всем, а о том, как в последний день в Праге я напился и познакомился с коленом вепря.

Пил я в каком-то небольшом хипстерском баре, и помню, что подсел ко мне студент из какой-то восточноевропейской страны, но говорил, хоть и плохо, по-русски. И завязался между нами теологический спор, а о чем — я не помню. Помню только, что во время этого разговора я попутно изъявил желание отведать колено вепря. Студент сказал мне, что знает хорошее место, где подают колено вепря, ресторанчик «Peklo», и идти надо именно туда, потому что там готовят это блюдо из ноги настоящего вепря, а не из рульки домашней свиньи, а это очень большая разница.

Когда мне принесли колено вепря, я не вру вам, откуда-то издали как будто донесся рев. Колено было огромное, оно с трудом умещалось на тарелке, и, по-моему, ничего ужаснее я в жизни не ел. Куда ни ткнешь в него вилкой — до мяса не добраться. Выискивать в нем мясо — то еще физкультурное упражнение, притом мясо жирное и гадкое. Я давился им, и ничего съесть не смог. Думал — доем дома, забрал его с собой, но потом подумал, что съесть его все равно не смогу, и выкинул в урну. Когда я выкидывал его в урну, откуда-то издали опять донесся рев вепря. Но когда я избавился от него, на душе стало намного легче. А пока было оно со мной — на душе была тяжесть и смутный страх. Потому на самом деле я и выкинул его. Сразу, как принесли его, огромное, на тарелке, — на душе эта тяжесть появилась, этот страх, как будто что-то очень могучее, очень древнее, живущее в дубовых лесах в рыжей щетине, пришло по мою душу, и я должен его съесть. И вот расстались мы, оба уже здорово пьяные, со студентом, и отправился я к себе в отель, чтобы утром уже ехать в аэропорт. Но спал я плохо, как бывает с пьяными, и опять меня объяла какая-то странная тревога и тяжесть, как будто что-то очень плохое вот-вот произойдет, и только я начал засыпать, как в дверь раздался стук. Это стучало колено. Я слышал рев и биенье копыт, хрюканье, топот, я видел клыки, пятачки, бурую щетину с рыжим отливом, и потерял сознанье, а когда пришел в себя — за окном рассветало, и у меня было вот это», — с этими словами Иван закатал штанину, и все мы увидели покрытое щетиной колено вепря.

— Ну и каково тебе с ним? — спросил не верящий своим глазам собеседник и осторожно потрогал колено.

— Да в общем нормально, только сплю плохо, — ответил Иван, — стоит заснуть, а оно так и норовит бежать куда-то, знаете, синдром беспокойных ног, потому на ночь пристегиваю его ремнем к кровати. И еще ему нужны регулярные грязевые ванны. А так — почти не обращает на себя внимания. Ну есть и есть. Ну а вы, — продолжил Иван, — если поедете в Прагу, зайдете там в ресторанчик «Peklo» и закажете там колено вепря — вспоминайте меня.

И когда он сказал это, откуда-то из его колена и одновременно издалека, из дубовых лесов, донесся рев.

— Тихо, тихо, — сказал Иван и опустил штанину.

Тревога

нет ничего тревожнее, чем когда бабочка колотится о стекло. нет ничего напряженнее тишины перед грозой, ее чуть слышного струнного, электрического звона. по траве пробегают невидимые мурашки, и мир обрушивается в бездонный колодец мгновенного обморока. по стеклам бежит рябь, и становится видно, что стекла жидкие, что они плывут, как ручей или озеро, просто очень медленно. чуть слышно, струнно они дребезжат. пылают, когда прижимаешься к ним лбом. издалека, сквозь сонную вату, доносятся звуки аккордеона, резкие и приглушенные.

…он помнил тот день, тот изобильный мир, город праздничный и величественный. как он, сам себя не помня, сдал последний экзамен на отлично, и это значило со всей определенностью — он поступил. и митька серков поступил тоже. вместе они выпили пива, а потом вина на васильевском острове. митька смеялся, потом ушел на электричку, а он пошел шататься по улицам, площадям, паркам, скверам. он познакомился с девушками — олей и катей. взял их телефоны, шел с ними вместе и расстался где-то в районе казанского собора. а в летнем саду на скамеечке в голову ему пришли мысли. собственно, это были не мысли, а юношеские романтические бредни, но он достал из сумки бумагу, взятую для экзамена, и записал их:

> мир подобен зеркалу, в котором отражается непостижимое для людей счастье. я не верю в зло, я верю, что, когда восходит добро, зло исчезает, как тени. но иногда, когда я думаю о зле, я чувствую себя странно, как будто речь идет о невообразимо прекрасной катастрофе. если в мире есть какие-то правила, я все равно их все нарушу. вероятно, мне придется заплатить огромный штраф. возможно, мне всю жизнь предстоит ходить среди грязи, но я не испачкаю даже подошвы.

так бы писал он еще долго, но вдруг вскочил и помчался куда-то дальше по городу, пока не очутился на вокзале. надо было ехать домой, в снегиревку. электричка, потом автобус, потом пешком, и вот в позднем белом сумраке летней ночи он оказался у крыльца их старого дома. в окнах горел свет: бабушка и дед еще не ложились, ждали его, и ему стало стыдно, что он гулял столько часов, а не поехал домой сразу рассказать бабушке и деду, что он поступил. отца у него не было, а мать уже много лет как жила за границей, где у нее были другие дети. пахло жасмином и деревянным, чуть затхлым и родным запахом дома. учуяв его шаги, заблеяли козы, заквохтали куры в курятнике. дед сидел в комнате и смотрел телевизор за бутылкой крепкой «охоты». — баба! дед! — позвал он, — я поступил!

бабушка, всплеснув руками и обругав его, что он так поздно приехал, принялась расспрашивать об экзамене, и даже дед выключил телевизор. — буду жить в городе, в общежитии, — рассказывал он, — митька серков тоже поступил. позвоните маме, расскажите про меня. поели, выпили чаю с пряниками на веранде, и бабушка пошла спать. дед вначале ушел в светлый ночной сумрак походить по двору, медленно обдумать то, что внук его теперь будет студентом. потом вернулся, покряхтел и тоже лег спать.

внуку их не спалось, он сидел на своей жесткой мальчишеской кровати в комнате, заполненной книгами, — он был книжный мальчик, и никто не знал, отчего в нем это, но он и в детстве книги любил больше игрушек. в радость от того, что он поступил сегодня и теперь будет учиться в университете, будет жить в общежитии, заведет новых друзей и, наверное, девушку, вмешивалась странная, почти неизвестная ему прежде грусть и тревога. вернее, она была ему известна, но раньше она была не в нем: грусть жила в грозах и закатах, в белом паре, который поднимается над озером, если сидеть на берегу ночью, или в том, как осенью соскальзывают вниз листья. теперь же ему показалось, что и в нем, как в природе, живет эта тревожная грусть где-то на дне радости, как тихая, неуловимая песня. он сел у окна за письменный стол, включил настольную лампу и снова решил записать свои мысли:

> в мире звучат две сказки: весенняя и осенняя. одна — сказка надежды, другая — сказка катастрофы. в одной из них струны твоей души тихо звенят, отзываясь подснежникам, птицам

> и ветру. в другой — дождь, листопад, темное небо, и струны твоей души оборваны. путь назад заметен.

форточка была открыта, и в комнату проник запах озона: началась гроза. ливень ударил вдруг сотнями разверзшихся ночных потоков в океане белого и зеленого, и слышался конский топот струй, и стоны земли, когда в нее ударялись мгновенные электрические вспышки. стекла пылали и плыли, и вишнево-коричневая бабочка траурница влетела в открытую форточку на свет настольной лампы. он потушил лампу, убрал свои записи в ящик стола с тем, чтобы забыть их там и не открывать больше до конца жизни, и лег спать. всю ночь, просыпаясь от чуткого, тонкого от перевозбуждения сна, он слышал, как траурница колотится о стекло и льет дождь.

Теневиль

Жил-был писатель-луораветлан, по-простому чукча. Был он из береговых чукчей: охотился на нерпу, тюленя, моржа и кита. Жил он в яранге, на санях у него стояла печатная машинка, и на ней он печатал свои романы. Обычно писатель-чукча ходил по яранге голым, пил кофе, курил сигареты «Данхилл», делал пометки в кожаных блокнотах «Молескин», а потом печатал главы романов на машинке. Романы писателя-чукчи были проникнуты мифами, сказками, историческими преданиями и бытовыми рассказами. Он писал про ворона Куркыля, про хозяев воды и огня, про звезды, солнце и луну, про злых духов и зимнее жертвоприношение звезде Альтаир. Писатель-чукча получил от духов внушение о перемене своего пола и принял одежду и образ жизни женщины. У него был любовник — молодой шаман, которого он вечерами принимал у себя в яранге и после секса зачитывал ему главы своего нового романа-антиутопии «Грязный снег». Вся жизнь писателя-чукчи сводилась к охоте, ебле и творчеству. Писал он на русском языке, но сам никогда ничего не читал. Однако романы Теневиля (это был его псевдоним — в честь пастуха-оленевода, пытавшегося создать чукотскую письменность) пользовались огромной популярностью и были переведены на многие языки. Одетый в чукотскую женскую одежду с разрезом на груди и широкими рукавами, с выкрашенными в зеленый цвет волосами, он был завсегдатаем книжных ярмарок и международных фестивалей. И хотя Теневиль никогда ничего не читал, он писал так, будто прочел всех на свете и на всех скрыто ссылается. С кем только не сравнивали его творчество: с Кафкой, Хармсом, Андреем Платоновым, Веничкой Ерофеевым, Петрушевской, Зощенко, Домбровским, Бабелем, Ионеско, Брехтом, Эльфридой Елинек, Томасом Бернхардом, Пелевиным, Мамлеевым, Рембо, Бодлером, Тургеневым... Стоит ли говорить, что половину этих имен Теневиль никогда не слышал? Его натертое тюленьим жиром тело еще не привыкло к шелкам контекстов, но он не мог писать иначе, чем он писал, когда, после периода глубокой задумчивости, во время которой он не мог ни есть, ни спать, он получал вдохновение на грани смерти. За это-то вдохновение и полюбили его во всем мире, духовидца и собеседника медведя и ворона, простого и утонченного, возвышенного и насмешливого, изощренного и бесхитростного Теневиля.

Бытовая особенность

Выйдя замуж и переехав к мужу, Инна Леопольдовна узнала, что у мужа ее есть одна особенность: вначале ей показалось, что он никогда не кладет вещи на свои места, а рассовывает их по квартире самым хаотичным и причудливым образом. Потом она поняла, что нельзя даже сказать, чтобы он их рассовывал: они сами оказывались в совершенно невообразимых местах, куда ни Инна Леопольдовна, ни ее муж никогда их не клали, и вот тут различие между Инной Леопольдовной и ее мужем заключалось в том, что Инна Леопольдовна впадала от этого всего в совершенную растерянность, а муж эти вещи неизменно находил при помощи своей удивительной интуиции. Он ходил по квартире, будто принюхиваясь или играя в «холодно — горячо», словно какой-то невидимый компас вел его, и он обнаруживал велосипедный насос в холодильнике, книгу, которую Инна Леопольдовна оставила на тумбочке, в пенале для круп, упаковку таблеток — в углу шкафчика для обуви, зимнюю шапку — в шкафу для посуды, а пакет с удобрениями — в стиральной машине. — Как они туда попадают? — вопрошала Инна Леопольдовна. У мужа не было ответа. — Как ты их находишь? — поражалась бедная женщина. — Просто знаю, — пожимал плечами муж, — думаю о какой-то вещи — и начинаю чувствовать, где она может быть. В принципе, никакой необходимости соблюдать порядок и класть вещи на свои места для него не было — обладая такой поразительной интуицией, он мог найти их где угодно, поэтому не считал необходимым приписывать им какие-то раз и навсегда отведенные места. Вещи знали это и свободно перемещались по квартире, как им свойственно, когда их никто не контролирует и они определяют ход своего движения сами. Одна и та же вещь сегодня была на подоконнике, завтра за шкафом, послезавтра под кроватью. В их движении не было никаких ограничений, никакой логики. Но муж Инны Леопольдовны всегда знал, где они, он существовал в симбиозе с вещами. — Вечно ты ничего не можешь найти, — недовольно ворчал он на Инну Леопольдовну, доставая ее дамскую сумочку из духовки.

Жена моряка

Дорогая, ты блядь, а я ухожу в плавание. Так начал свой разговор с женой моряк Яснов. Дорогой, и что мы будем делать по этому поводу? — пьяным голосом спросила жена моряка Яснова и затянулась сигаретой. Есть идея. Увидишь, — ответил моряк Яснов и пошел собирать свои вещи к отплытию. Жена моряка Яснова продолжила бухать на диванчике, скрестив длинные ноги в сетчатых чулках. Ночью, когда жена моряка Яснова совсем напилась и отрубилась, моряк Яснов связал ее, взял нитки и иголку и зашил ей пизду. Жена пыталась орать, но моряк Яснов вставил ей кляп в рот и доделал свое дело. Потом взял свои вещи и отправился в плавание, а жену моряка Яснова утром нашла, полумертвую и с зашитой пи*дой, соседка по коммунальной квартире, вызвала скорую, и там уже распороли все, что Яснов зашил, и лечили раны. Прошло какое-то время, и жена моряка Яснова уже была в полном порядке и продолжила блядствовать, да так, что соседка по коммунальной квартире сказала: Правильно тебе Ваня пи*ду зашил. Надо было так и оставить. А то водишь и водишь тут каждый день. А потом еще через какое-то время моряк Яснов вернулся из плавания, зашел в квартиру, увидел пьяную жену в сетчатых чулках и по выражению ее лица сразу все понял. Ну что, Наташа, блядствуешь тут без меня? — спросил с укоризной. Жена бросилась ему на шею, и после этого они жили еще долго и счастливо много лет, и до сих пор живут.

Жена-носорог

Продавали навязчивости, а люди приходили и покупали. Иван Кузьмич тоже пришел, и он других не хуже, и ему навязчивость нужна. С навязчивостью человек как? — пристроен. Без навязчивости торчит как пень в огороде и дела себе найти не может. Навязчивость завести — как козу купить: вроде и тяжело, зато как попустишься — вот тебе и счастье. — Возьми про пидоров, — посоветовали ему. — Это как — про пидоров? — испугался Иван Кузьмич. — Ну типа ты сам не знаешь, пидор ты или нет. — Вот уж нет, страшно слишком! — Тогда возьми про маньяков. — Да я бы что-то оригинальное хотел, не как у всех. У меня все знакомые уже эту навязчивость взяли, звонят и спрашивают: Ваня, как ты думаешь, я не маньяк? Я хочу такую навязчивость, которой ни у кого нет! — Ну возьми тогда жену-носорога. — А это что за хрень? — Крутая дизайнерская навязчивость, возьми — не пожалеешь. Ну взял Иван Кузьмич, и стало ему казаться, что у жены рог на лбу растет. Не может прямо отделаться от этого ощущения, присматривается ко лбу жены, челку раздвигает, когда она спит — пальцами лоб щупает: нет ли припухлости? И страшно ему так, что прям ужас. Жену замучил вопросами: Надя, у тебя рог растет? Скажи мне честно — растет? Правда не растет? А вдруг все-таки растет? Исхудал, извелся весь, сутками в интернете читает: «что делать если у жены растет рог», «рог на лбу у человека», «как понять растет рог или нет», «рог на лбу лечение». А потом отпустило. Рог и рог, — стал думать, — какая разница. Вздохнул с облегчением. Почувствовал легкость, крылья за плечами. — Вот оно счастье, — подумал, — хорошая была навязчивость, мощная, нестандартная, надо еще этой же фирмы что-нибудь взять. Тут и жена вошла. На лбу ее определенно рос довольно-таки заметный рог, теперь уже не оставалось никаких сомнений, но Ивана Кузьмича это совершенно не беспокоило.

Бабки-однодневки

Девушка сидела, задумавшись, на автобусной остановке. Подошла бабка и с места в карьер накинулась на девушку: «А ну-ка, молодежь, уступите мне место, я старая». «Пожалуйста-пожалуйста», — вышла из своих мыслей девушка и охотно уступила место бабке. Бабка села, но не унималась: «Какая молодежь наглая пошла — видят, что пожилой человек идет, и продолжают сидеть!» К разговору подключились соседние бабки, которые уже сидели на остановке рядом с девушкой, когда подошла эта, новая. «Это уровень культуры теперь такой, теперь все такие!» — кричали бабки. «Что значит "теперь"? Культура — она и есть культура, либо она есть, либо нет», — ругалась новая бабка. Девушка стояла рядом, мечтательно улыбаясь, как будто это все относилось не к ней. Ей было много тысяч лет, она помнила Египет, Месопотамию, помнила, как первые невежественные, дикие народы заселили эти земли. «Вот ругаются бабки-однодневки, — думала девушка, — а еще вчера они были детьми, а я была такая же, как и сейчас — древняя и вечно юная. Восемьдесят лет назад я качала их на руках, как когда-то качала их матерей, а теперь они старухи и ругают меня. Все идет своим чередом. Завтра этих бабок уже не будет, а вот та девочка в коляске будет такой же бабкой и так же будет ругать молодежь. Эх, люди-люди!» Подошел автобус. Девушка предупредительно пропустила всех бабок вперед, проследила, чтобы они сели, а потом заняла оставшееся свободным место и молодыми, сияющими, влюбленными в мир глазами уставилась в окно.

Мы любим тебя, темный лес

ПЕСНЯ ЧЕЛОВЕЧЕСКИХ ДЕТЕНЫШЕЙ
ПРО СТАРУЮ ОККУ, ИДУЩУЮ ДОМОЙ
ПО ТЕМНОМУ ЛЕСУ

Человеческие детеныши, глупые человеческие детки, прячутся за ветками в зимнем лесу, следят за старой Окку. Старая Окку идет по тропе к своему дому; за тропой — озеро, падает снег. Дети следят за Окку и молча поют:

мы любим тебя, темный лес
мы любим тебя, лесной тролль
мы любим тебя, темный лес
мы любим тебя, лесной человек

МАЛЬЧУГАНЫ, ОДЕТЫЕ В ХЛОПОК,
СБИВАЮТ ЯБЛОКИ НА БЕРЕГУ РЕКИ

Мальчуганы, одетые в хлопок, сбивают яблоки на берегу реки. В реке живет дохлая щука с открытой пастью.

Острыми зубами она прогрызает лодки рыбаков и поет об огромном Солнце, восходящем над звездами, пеной и зарослями камышей.

ТРИ ДОМА

В доме, укрытом одеялами снега и мха, старая мать со слезами на глазах просит о чем-то сына. В другом доме живет голая женщина с гитарой; там много бумаг со стихами, картин художников, цветов и ковров. Третий дом находится прямо под Луной: там мужчины с недобрыми лицами пьют вино и водку, и кто-то без имени и лица возносится над ними к дымящейся старой Луне.

МАЛЕНЬКИЙ МАЛЬЧИК НА ПОЛЕ
СМОТРИТ НА ВОРОНУ, КЛЮЮЩУЮ ЗЕРНО

Белобрысый, в холщовых штанах, маленький мальчик на поле смотрит на ворону, клюющую зерно. Пахнет свежестью; со стороны деревни доносится запах дыма.
— Ворона, ты знаешь реку? — спрашивает мальчик.
— А ты знаешь рреку зимой? — спрашивает ворона.
— Что ты ешь? — спрашивает мальчик, — я люблю кашу.
— Губа не дурра, — говорит ворона, — а я бы, пожалуй, не отказалась и от курриного яйца.

ГОЛЫЕ СТАРЫЕ ДЕРЕВЬЯ

Голые старые деревья обладают особой шершавой, суковатой красотой. Иногда такое дерево растет у самого шоссе и наблюдает за дорогой. Знающие люди могут раскрыть такое дерево, как куртку на молнии, и войти внутрь. Внутри — кинотеатр, там показывают долгие, медленные фильмы, похожие на сны и весну.

ЗА ШОССЕ

После дождя шоссе мокрое и похоже на озеро; на глади его — случайные лепестки, дождевые черви. За шоссе — красные лавовые поля, где бродят тени осыпающихся облаков. Еще дальше — нет ничего, только музыка-из-под-земли, которую слушают чудовища.

ПЕСНЯ ТРОИХ НИЩИХ,
ПРИСЕВШИХ ОТДОХНУТЬ НА ЛЕСНОЙ ОПУШКЕ

Влюбившись в красавицу, никогда нельзя быть уверенным, не чудовище ли она, особенно если на это указывают вóроны на старом обугленном дереве или трое нищих, присевших отдохнуть на лесной опушке.

земля и лес — это тело чудовища
звезды в небе — его глаза
мы любим вас, лесные чудовища
мы любим вас, лесные чудеса

ДОМ, НА КРЫШЕ КОТОРОГО ЖИЛО СОЛНЦЕ

Гага снесла яйца на скалистом берегу моря. На скалах рос лес, на побережье лежали огромные валуны, а в море видны были очертания кораблей. Недалеко от берега стоял бревенчатый дом, на крыше которого жило солнце. В доме жил дед с топором; по вечерам к нему приходил медведь, и они пили смородиновый чай.

ВОРОНЫ СПЛЕТНИЧАЮТ РАННИМ УТРОМ

На макушках у трех сосен сидит по вороне; они делятся свежими новостями.

— Над моррем взошло солнце, звезды стало не видно, и месяц поблек, а старрикам-валунам, торрчащим из воды, стало немного потеплее — так уж горрестно они стонали всю ночь, — рассказала первая.

— В озерре плавает лебедь Ян Гус, вытягивает шею в сторрону восходящего солнца, и в горрле его как будто игрраают тррубы, — поведала вторая.

— Кррупный, прродолговатый, как утиное яйцо, валун лежит в трраве и соверршенно ко всем рравнодушен, — пожаловалась третья.

ОГРОМНЫЙ БЕЛЫЙ ЦВЕТОК,
В СЕРДЦЕ ГРОЗЫ
К ХУДУ ИЛИ ДОБРУ ТЫ РАСПУСТИЛСЯ В МОРЕ?

Началась гроза, вспыхнула в небе молния, заскрипели лодки, исчезли птицы, а потом огромный белый цветок распустился прямо в море.

— Кто ты?

— Я дитя двух пустых лодок и двух диких птиц. Я дитя большого старого дерева на берегу. Я сын молнии. Я зять скалы. Я внук волны. Я племянник гагары. Я волчья мать.

— Зачем ты?

— Я пришел все уничтожить.

ИНОГДА СОЛНЦЕ СЪЕДАЕТ КУСОК СТЕНЫ...

Иногда солнце съедает кусок стены или крыши дома. Иногда по полю идет женщина с седыми волосами до пят и красным клювом. В эти дни морды свиней в загонах кажутся особенно наглыми.

БАБУШКА ИЩЕТ МАЛЕНЬКОГО МИККО В ЛЕСУ, ПОЛНОМ ЧУДОВИЩ

Мальчишки вечером разжигают в лесу костер и смотрят, как чудовища танцуют на берегу лесного озера. Маленького Микко ищет бабушка, ходит по лесу, кричит «ау», а внук давно уже превратился в еловую ветку.

ПЕСНЯ ЖЕНЫ ОБОРОТНЯ, БЕССОННОЙ НОЧЬЮ ОЖИДАЮЩЕЙ МУЖА

За голыми деревьями светит круглая желтая луна, похожая на лишенный зрачка глаз оборотня. Жена человека-волка ворочается на кровати, ждет возвращения мужа и бормочет:

мой муж — лесной волк
он бежит ко мне
по корням старых елей
по пушистому снегу

ПОЛЕНО ПЛАЧЕТ

Ворона и полено сидят на берегу озера. Клубятся и вечно рушатся над ними руины облаков, а Луна восходит, покрытая нежным пушком, как розовый персик.

— Ты дерревянный урродец! — вдруг ни с того ни с сего дразнится ворона.
Полено плачет от обиды, и из-под коры его век медленными каплями выступает смола.

ЖЕНЩИНЫ НА БОЛОТИСТОМ ЛУГУ ЕДЯТ ЯДОВИТУЮ КОШАЧЬЮ ПЕТРУШКУ

Бывают такие ночи, когда за всеми молодыми женщинами ходят старухи в черном и шепчут им на ухо, чтобы они перерезали горло своим мужьям, задушили своих детей и шли туда, где ухает филин над лесными цветами, где бродит черный зверь с огромными белыми рогами, в которых живут бабочки и светлячки. Там, на болотистом лугу, должны женщины наесться кошачьей петрушки.

УМНАЯ ЭДЛА УТРОМ ОБНАРУЖИЛА, ЧТО У НЕЕ ВЫРОСЛИ КНИГИ НА ГОЛОВЕ

Сквозь прозрачные, словно из зеленого инея вырезанные листья, через все их мерцающие прожилки светит солнце. Начинается утро, а у умной Эдлы, читавшей всю ночь, книги выросли на голове — вместо волос. И, скажите на милость, как ей теперь выйти из дому? Как показаться жениху? Теперь-то всякий узнает, что в голове у Эдлы: в книгах — все мысли бедной девушки. Одно хорошо: жених у Эдлы неграмотный, так и не прочтет, что Эдла днем и ночью сожалеет о его глупости и думает, не родятся ли у нее от него глупые детки.

ДЕДУШКА ДЕХОР СШИБАЕТ ГРИБЫ НА ПОВАЛЕННЫХ ДЕРЕВЬЯХ

Дедушка Дехор идет по лесу и сшибает все грибы, растущие на поваленных деревьях. Одно из поваленных деревьев — его внучка. Как-то пошла она петь руны в лес и стала деревом. А могла стать водопадом или тропинкой.

ПЕСНЯ АЙНИККИ ПРО БЕЛЫЙ ЛЕС

Белый лес — на другой стороне.
Бабка говорила, что в белый лес ходить нельзя.
Там даже летом на деревьях белые листья и трава белая, как облака.
В белом лесу все звери и птицы белые,
у огня беглое лицо,
как будто он куда-то торопится или только что сбежал откуда-то,
а нырки лучей похожи на диких уток.
Жители белого леса
дарят небу свое сияние,
которое им подарили морские чайки.
Но вот я надену белое платье и пойду в белый лес.
Попробуй — останови меня.

РАНЕНЫЙ КАМЕНЬ

Кричит камень, истекая кровью. Блики закатного солнца на рукоятке меча, в него воткнутого. Лежит камень под дубом, в зарослях папоротника. Меч прошел его насквозь, словно каравай хлеба. Каменные губы заглотили меч, и он вошел в стук его стихшего сердца, в ножны его черствого, мертвого сердца. Ночь прикладывает к камню свое чуткое лошадиное ухо и слышит: камень мертвый, не дышит, но бормочут его мхом покрытые кости, а в костном мозге звучит музыка. В чешуе древнего ящера, покрывшийся ледяной коркой, лежит камень, защищая брюхо. Меч торчит из спины камня, и сам бы рад выбраться наружу, но застрял, ни туда, ни сюда. Вот и суйся после этого куда попало — думает меч.

ОЛЕНИЙ ЧЕРЕП

У старых дураков порой вырастают оленьи рога, как и у мудрецов. А молодой шаман любит мертвого оленя. Ходит по лесу голым по пояс, держа в руке его череп. На поляне он выкладывает из оленьих черепов костяные цветы.

ВОРОН, СОВА И ВОЛК

Растерзанный ворон лежит в снегу. Хлоп-хлоп, луп-луп — смотрит на него сова с ветки круглыми оранжевыми глазами. Волк прячется за деревьями, — он всего лишь волк, не более, но и не менее того.

РУКА ВЕДЬМЫ

Иногда в сухих ветках нет-нет да и обнаружишь женскую, испачканную землей, руку. Когда-то ее владелица мазала свои руки глиной и менструальной кровью, варила змей в котле, носила на голове венки из осенних листьев и ягод. Она жгла свечи, бормотала заклятия из толстой книги и говорила с оленьим черепом. Что же, руки у нее были красивые, а сердце, должно быть, съел белый волк.

НА ИСХОДЕ ЛЕТА

Силуэт бабочки летит на фоне заходящего солнца. Лето кончается, и силуэт волка бежит на фоне огромного круглого солнечного диска, уже касающегося поверхности земли.

— Прощай, солнце, — говорит ель на холме, — прощай, лето, — говорит мир.

ТЕПЛЫМ ОСЕННИМ ДНЕМ
БАБОЧКА ПЬЕТ НЕКТАР

Возле слабого огонька, что разожгла Эдла, летает бабочка. Сегодня теплый день, и она пьет нектар осенних цветов. Сладок этот нектар, а впереди — может быть, зимовка, а может быть, смерть.

СВЕТ В НОЯБРЬСКОМ ЛЕСУ

Тот, кто закрывает себе лицо желтыми осенними листьями, любит смотреть на свет в голом ноябрьском лесу.

НОЧНАЯ ПОСТУПЬ

Покрытый волосами щит летит в звездном небе. Дымится старый вулкан. Олениха с оленятами застыли в лунном свете и чутко слушают чьи-то крадущиеся шаги — поступь не мертвого, не живого.

ПАУТИНКА НА РАССВЕТЕ

На голубых лунных полях ромашки опустили вниз свои белые лепестки. Вдали за полем — сиреневая дымка и темные, низкие зубцы леса. Маленькие капельки покрывают по всей длине пушистые колоски травы. Это — весенняя ночь, и поля колосков до горизонта. Дым на рассвете, роса, цветы, собранные в бутоны. В сеть паутины в цветах, росе, солнце пока никто не попался, и, кажется, и паука нет, да и сплел он ее, не помышляя ни о чем худом, а только красоты ради.

НАСЕКОМЫЕ ПРЯЧУТСЯ ОТ ДОЖДЯ ПОД ШЛЯПКАМИ ГРИБОВ

В мухоморы встроили подсветку, и теперь их шляпки и юбочки светятся в темноте. У всех грибов теперь внутри лампочки, и под их шляпками прячутся от дождя ночные насекомые. Два светлячка обняли друг друга и спрятались под шляпкой гигантского подберезовика. Они смотрят на дождь, целуются и мечтают.

ЛУННОЙ НОЧЬЮ НА КАМЕНИСТОЙ ПОЛЯНЕ ЭЛЬФЫ ИГРАЮТ ПАНК

Когда Луна восходит над рощей, на маленьких, близких к траве камнях располагается панк-группа из малюток-эльфов. На головах у них ирокезы, на ногах зеленые башмачки, а косухи блестят от мерцающей цветочной пыльцы. Эльфийский панк — жесткая музыка, да и эльфы эти — мухоморные, но каждый раз, когда грязный эльфенок с гитарой берет свой примитивный аккорд — вокруг звенит миллион колокольчиков и рассыпаются блестки, как от взмаха волшебной палочки. Потом он рычит, колотит гитарой по старому пню и ломает ее, надевая себе на голову. Забравшись на мухомор, он снимает штаны и, в облаке блесток и колокольчиков, мочится прямо в публику. Что поделаешь, панк есть панк, эльфы есть эльфы.

ВОЛК, ЧЬЯ МОРДА РАСТВОРЯЕТСЯ В СНЕГОПАДЕ

Та девушка, что любила ездить по лесу на лосе, тот дом, что стоял в чаще, с крышей, покрытой мхом, то солнце, что нес олень на своих рогах, тот оранжевый лист цвета совиных глаз, что висел на тонкой ниточке в прозрачном лесу, те духи леса с горящими глазами, что прятались за деревьями, — где они? Знает о том лишь волк, чья морда растворяется в снегопаде. Но попробуй — найди его, особенно теперь, когда снегопад закончился и от морды не осталось и следа.

ЛОДКА МЕРТВЕЦА

В лодке стоит крест и лежит мертвец. Давно уже она прибилась к берегу рядом со скалами. Там, на вершине скалы, насажено солнце, как медная монета. Тот, кто сотворил этот мир, лежит в лодке и покоится. Крестьянин, бывает, садится на пашне и вздыхает о нем. Бог смерти с рогатым черепом вместо головы тоже вздыхает о нем. Мертвый, сотворивший этот мир, не приходит к богу смерти. Он просто лежит в лодке и покоится. А почему бы, собственно, нет?

ПОСЛЕ НОЧНОГО ОБХОДА СТРАЖИ ГОРЫ РАСТВОРЯЮТСЯ В ВОЗДУХЕ

Стражи горы ходят ночью по курумнику. У них длинные струящиеся тела, через которые можно смотреть насквозь, круглые горящие глаза и свечение вокруг голов (если это можно назвать головами). После ночного обхода стражи горы растворяются в воздухе, как будто их и не было.

ЗИМНЕЙ НОЧЬЮ ЛЕС ЧЕРНО-БЕЛЫЙ…

Зимней ночью лес черно-белый, на некоторых стволах отверсты древесные очи, а в небе висят планеты. Ели кренятся, густо облепленные снегом. Пролетает комета, и женщина-ворона, со снегом в подоле платья и с бубном в птичьих когтях, долго смотрит вслед ее длинному хвосту и каркает.

КРАСАВИЦА ЗМРОК

Деревья протягивают ветви темноте. Весной цветы начнут расти изо рта девушки Змрок, они будут расти из ее глаз и ушей, и вместо волос на голове тоже. Голова девушки Змрок торчит из середины пня срубленного дерева, волосы ее в снегу, а лицо злое-презлое.

В ДОМИКЕ НА ОПУШКЕ

В домике на опушке снегом запорошило ковер, шишки лежат на ворсистом пледе. Горят свечи в подсвечниках, горят поленья в камине, горят огни на елке. На кухне корица и цедра, и скоро придет Йоулупукки с рогами на лбу и мешком за спиной, с костяным ожерельем на шее. В этом доме живут непослушные дети, и он сварит их живьем в котле. Упряжки из оленей у него нет — всех съел. Непослушные дети прячутся в шкафу, знают — скоро придет их черед.

КРАСНОЕ ПЛАТЬЕ

Женщина в красном платье бродит по заснеженным скалам. Маленьким и черным кажется вдали в снегах ее дом — там, где горы, покрытые еловым лесом, спускаются к гладкому ледяному озеру. Платье у женщины красное, как грудь снегиря, живущего в ельнике у долины реки, того самого снегиря, чью грудь некогда ранили шипы из тернового венца Спасителя. Ее платье красное, как ягоды рябины в снегу, которые клюет снегирь, выедая из них семена и оставляя мякоть. Оно красное, как испачканные кровью руки, лишенные тел, которые обнимают стволы деревьев.

СОВА И ДРАКОН

Сову запорошило снегом. Она сидит на ветке и грезит наяву: ей видятся очертания замка в развалинах скал, видится огромная статуя воина, убившего дракона, на вершине. Этот воин в рогатом шлеме и шкурах, с мечом некогда поднялся на эти скалы, чтобы сразиться с их хозяином. Так он и остался в них навек каменной статуей, когда черная кровь дракона пролилась на снег. Сова немного скучает по дракону: когда-то они неплохо ладили и, нужно отдать дракону должное, — он был поумнее прочих в этом лесу.

ТРИ МЕРТВЫЕ ВЕДЬМЫ

Жили-были три мертвые ведьмы. У одной из них был красный колпак и петля на шее, у другой тряпица вместо лица и длинные заскорузлые когти, а у третьей, одетой в длинное бабье платье, все тело распухло, а вместо лица было нечто непонятное, плоское и вращающееся вокруг своей оси. Что еще рассказать о них? Одна любила крутить прялку и жечь свечи, другая любила деревянные ложки, маленькие ржавые замки и глиняные куколки людей, завернутые в платочек, а третья любила мужские отрезанные головы, особенно с бородой.

ТРЕСНУЛ ЛЕД, И ОКАЗАЛОСЬ…

Треснул лед, и оказалось, что в озере подо льдом растет дерево. А вокруг дерева ходит черный волк и воет: черное сердце, красная кровь, ууу-уу, череп на палке, мухоморы на пне, ууу-уу, луна под водой, мох с берестой, ууу-уу, рогатая птица, медвежий клюв, ууу-уу, и все такое прочее, ууу-уу.

Брошена на землю

Мужик, который занимал полку надо мной в поезде из Сибири на Кавказ, упал с нее раз десять — в основном не прямо с нее, а при попытках на нее залезть или слезть. Еще столько же раз он упал просто так на полу вагона. И вот — он стал вагонным героем. С утра к его полке подходили девушки и заботливо говорили: «Привет с большого бодуна!» Все остальные мужики в вагоне подружились с ним, и на одной из стоянок я слышала, как какой-то из мужиков говорил ему: «Мишань, я тебя больше всех уважаю!» Мишань же влюбился в нашу попутчицу Леру — нас было трое в плацкартном «купе» от самого Красноярска. С самого начала, как только я взглянула на двадцатипятилетнюю Леру и тридцатисемилетнего Мишу, я поняла, что он будет к ней приставать по очень простой логике: одинокий мужик (он почти сразу сказал, что разведен) едет в «купе» с двумя девушками, естественно, он начнет приставать к одной из них, и это буду не я, — мне было совершенно ясно, что я буду общаться мало, в основном сидеть, читать свою книжку, думать свои мысли, и будет видно, что я отстраненная и не такая, как они, а они начнут общаться, потому что им больше нечего делать в поезде, как общаться, и он станет к ней приставать. И точно так оно и вышло: я сидела, уткнувшись в книжку, потому что для меня самое скучное в поезде — это присутствие чужих людей и принудительная необходимость с ними общаться, хотя я и чувствую к людям всемирное товарищество, они же начали разговаривать, пить, и к вечеру второго дня он к ней полез.

Лера — маленькая, смуглая, невзрачная, с зеленоватыми глазами навыкате, малюсеньким носиком, темными волосами и неправильной, расширяющейся книзу формой лица, — мне не очень-то сильно понравилась: безапелляционным тоном она говорила вещи, свидетельствующие о ее железобетонной ограниченности, и смеялась коротким, искусственным смешком. Впрочем, где-то на вторые сутки из четырех боль от обнаруженных в первые же десять минут непробиваемых границ ее сознания отступила благодаря силе привычки, а ее короткий искусственный смешок заменился более искренним подвыпившим смехом. К тому же в ответ на пьяные домогательства Миши в ней проснулась одновременно рассерженная и заботливая жена и мать, проявились инстинкты, которые от века вызывают в женщинах пьяные дураки — их мужья и сыновья: укор и ругань в сочетании со стремлением уберечь это большое мычащее животное, которое, в свою очередь, напившись, тянется к мягкому, женскому, лезет к ней на полку и приносит на перебинтовку свою разбитую в кровь руку. «Ты хочешь, чтобы я это сделала», — угадывает Лера по немым жестам пьяного мужика, тычащегося в нее со своей кровью и добытым в соседнем «купе» бинтом. Она орет на него, ругается, а он падает с ног, может быть, где-то даже нарочно, чтобы она еще на него с этим заботливым материнским попреком поорала. Она кричит: «Не лезь ко мне! Ты зачем напился? Иди на верхнюю полку!» А он лезет нарочно, зная, что она заорет, потому что она сейчас для него вековая, тысячелетняя жена и мать русского мужика, и та девочка в школе, которую мальчишка дергает за косичку, чтобы она обернулась и стукнула его учебником по голове. И Лера оборачивается и бьет его учебником по голове, и мальчишка, замирая в сердце, снова дергает ее за косичку. «Я теперь понимаю, отчего от тебя жена ушла!» — бьет его по больному Лера. «Пожалей меня, меня ведь никто на свете, кроме матери, не любит!» — прямо просит Миша.

Он едет в Сочи к отцу, которого не видел одиннадцать лет и который сейчас на четвертой стадии рака, едет, чтобы попрощаться с ним и начать новую жизнь в Сочи. В Красноярске осталась двадцатитрехлетняя бывшая жена, которая его бросила и не дает видеться с дочкой Сонечкой. Первая жена с детьми живет в Германии. Миша был у них в Германии, хорошо это запомнил и много в поезде об этом рассказывал, — как в Германии то, как в Германии другое. Сам он когда-то работал на КРАЗе, в перестройку завод закрыли, и он стал заниматься каким-то бизнесом. Лера из Ачинска, училась в училище на оператора ЭВМ, работала продавцом в Красноярске, а теперь работает в жилищно-коммунальном хозяйстве и едет от родителей, где гостила, к мужу в Краснодар. Лера привыкла к тяжелой жестокости жизни, она вспоминает: «После училища приехала в Красноярск, работала на автозаправке. Там была одна маленькая, ниже меня ростом, ее все называли Кнопка. Отработали мы с ней раз, она: пошли выпьем пива. Ну, пошли. Выпили, — а есть такие люди: они выпьют, так у них крышу сносит, они себя не контролируют, — так она мне: вот я учусь, у меня муж есть, все такое, а ты так всегда и будешь работать на автозаправке. Я ей: не говори, чего не знаешь. Как ты знаешь, что с нами завтра будет? Идем дальше, а она все продолжает, я вижу, она идет на конфликт. В общем, в какой-то момент она меня ударила, я даже не заметила. Началась драка, приехали менты, повезли нас, так она на меня заявление написала, что я ее избила. Ну, я встречное заявление написала. Но нас потом никуда не вызывали, ничего не было, ментам все по хую. А на следующий день я прихожу на работу, а мне начальник говорит: вот ты такая, ты ее избила, в общем, уволил меня. Она первая пришла и все ему по-своему рассказала. А в другой раз меня трое мужиков ночью в Ачинске избили…» «Просто избили?» — спрашивает Миша волнующий мужской вопрос. «Просто избили. У нас там по улицам ночью ходить опасно. Ну, я их знала, там одного… Я на них так орала: я, блядь, вас в тюрьму засажу! Ничего, отпустили. Но они не сильно били».

Леру полюбил весь вагон после эпизода с казахами. Когда мы проезжали территорию Казахстана, в вагон вошли трое казахов: двое мужчин и женщина. Они сели на боковушках рядом с нашим «купе» и о чем-то разговаривали. Не то чтобы очень громко, но не тихо и по-казахски. Был день, но Лера в то время, измаявшись от дорожной скуки, которую на нее в особенности навевало мое неразговорчивое присутствие, пыталась заснуть и видеть яркие, сладкие сны об активной, веселой жизни. Казахская речь помешала ей, и она заорала на казахов скандальным голосом базарной бабы: «Что вы тут расселись и говорите! Русских тоже уважать надо!» «А при чем здесь, кто русский, а кто нет?» — спросил обомлевший казах. «А при том!» — ответила Лера. Казахи, к счастью, сошли на следующей остановке, но вагон запомнил Леру и восхитился ее патриотической храбростью. Миша выпивал с мужиками из соседнего «купе», они видели, как он льнет к Лере, уважали ее как предмет его выбора, — как подростки начинают влюбляться в ту девушку, которую выбрал их главарь, — слышали, как она, как и подобает порядочной девушке, орет на него, слышали, как она орала на казахов, и подходили к ней выразить свое восхищение. «Молодец, девочка! — говорил старый водитель скорой помощи. — Ты мне сразу понравилась. Русских тоже уважать надо!» «Ты что, нерусский?» — спрашивала Лера у Миши каждый раз, когда он, на ее взгляд, не понимал какие-то очевидные вещи, вроде того, что она приказала ему ее не трогать и лезть на верхнюю полку, а он не лез. Лера произносила это таким тоном, как будто нерусские — это какие-то сказочные небывалые чудовища, что забавно, учитывая то, что сама Лера была русская от силы наполовину, а наполовину с Кавказа, к тому же она была замужем за армянином.

Влюбленность заразна, и за компанию с Мишей в Леру влюбился старый водитель скорой помощи и еще один пьяный мужик Серега. Он подошел и попросил ее руку, долго восхищенно держал в своих ладонях и сказал Лере: «Я знаю, кто ты. Я сразу тебя заметил и все понял. Ты — самая прекрасная. Я вижу — ты необыкновенная». При этом он так сосредоточенно держал ее руку, что можно было подумать, что видит он это именно по руке, и сидевшая в тот момент с нами тридцатилетняя бывшая учительница истории Жанна, увлекающаяся фэнтези и пошивом старинных платьев, полная, с щетинкой на лице, про которую можно было подумать, что ей под пятьдесят, спросила его: «Вы, что ли экстрасенс?» «Просто мужик!» — ответил Серега. Влюбленность мужиков в Леру нарастала с каждыми сутками пути: они начали ее любить, когда мы проезжали Казахстан, и она наорала на казахов, уже любили на Урале и в Поволжье, и любовь их становилась все более жгучей и томительной по мере приближения к Кавказу. С каждой остановкой поезда, когда все мы выходили немного погулять по перрону, они уделяли Лере все большее внимание, приобнимали ее все более по-свойски, брали за руки и пьяными табачными губами что-то шептали на ухо, блаженно улыбаясь. Проводницы, почувствовав ситуацию, включились в цепную реакцию любви и тоже стали с Лерой особенно нежны и приветливы, шутили с нею и называли ее по имени.

Кульминация наступила в последний день пути, ближе к вечеру.

В этот последний день Лера, до этого пившая мало, ушла пить в соседнее купе с Мишей, старым водителем скорой помощи, Серегой и Жанной, к ним присоединилась еще какая-то девица из другого конца вагона. Мне присоединиться не захотелось из нежелания участвовать в пьяной душевности. В соседнем «купе» люди разбирали Леру на части, слышен был гогот и бессмысленные фразы. Старый водитель скорой помощи рассказывал, что он возит психбригаду и видел та-а-акое, долго уговаривал Леру ехать с ним до Адлера, а Лера ему сказала, что ему нужно познакомиться с ее мамой, в том смысле, что она как женщина более подошла бы ему, чем молоденькая Лера, но водитель не хотел продешевить и спросил: «А сколько ей лет?» «Пятьдесят два». «Старая. У меня даже любовницы двадцатисемилетние», — ответил старик. Серега в свою очередь звал Леру выйти с ним, Миша обещал сто роз и просил ехать с ним или хотя бы дать телефон. Все время вспоминали вчерашние пьяные падения Миши и как Лера наорала на казахов. Душевность нарастала вместе с пустыми бутылками. Разделив общую любовь мужиков к Лере, Жанна и вторая девица возлюбили ее так же, и тоже стали уговаривать ехать с ними. «Вы меня сейчас все по кусочкам растащите!» — в мутном пьяном счастье кричала Лера. К ней тянулись пять пар жадных рук, чтобы унести ее с собой, и она, маленькая, пустая, недалекая и некрасивая Лера, была предметом обожания и вожделения мужчин и женщин, тем сладчайшим, в котором людям видится исполнение всех их желаний и грез, воплощением невозможного на земле счастья, живым божеством, как будто она, подобно зюскиндовскому парфюмеру, облила себя духами самого прекрасного аромата на свете, дарующего любовь всех людей, их обожание и вожделение, духами, превращающими публичную казнь в оргию любви и заставляющими обонявших их своими руками растерзать насмерть слишком желанное существо. И кульминацией дороги была эта оргия восторга, — без достойного повода и основания, восторга бессмысленного, несправедливого и сладостного, дарованного ни за что — ни за красоту, ни за ум и талант, самому заурядному существу на свете.

Пьяная Лера то за что-то сердилась на Мишу и орала: «Я к нему со всей душой, а он!..», то располагалась к нему и орала: «Мы — земляки! Он мой земляк! Мы из Сибири! Только сибиряки с такой открытой душой!» (В ответ на Лерины вопли «Мы — земляки!» Миша, в свое время бывший в армии, один раз сказал: «В армии обычно говорят — твои земляки в окопе лошадь доедают»). В прошлые дни в ответ на домогательства Миши Лера неоднократно упоминала о муже и подчеркивала, что она замужем, теперь же, сидя у Миши на коленях, в ответ на чье-то упоминание о ее муже она с громким ржанием провозгласила: «Муж! Муж объелся груш!» Миша написал Лере записку: «Лерочка, ты мне очень понравилась, и мне теперь без тебя всегда будет скучно, если ты не дашь мне твой телефон». Лера дала ему телефон, сказав: «Значит, ему нравятся бешеные, как он сам бешеный».

Между тем, веселье за стенкой тоже становилось все более бешеным и, казалось, заполнило собой всю реальность, к выпивающим присоединилась еще пара молодежи — юноша с девушкой, и оба, забыв друг о друге, тут же разделили всеобщее чувство к «нашей Лерочке», как они ее называли. Потом к ним присоединилось еще несколько человек, потом еще, и через некоторое время весь вагон в каком-то наваждении столпился у соседнего со мной «купе», где была Лера, и все они звали ее с собой и хотели забрать ее себе. Какое-то общее безумие или чары изменили реальность времени и пространства, и наш вагон вместе со всеми его очарованными пассажирами и проводниками словно бы оказался в другом измерении, щелкнул невидимый переключатель — и человеческая логика бессильна для описания дальнейшего. Я, уронив голову на книжку, проваливалась под все нарастающий оглушающий шум и исступленный счастливо-пьяный хохот Леры в горько-сладкий томительный сон, полный Леры, ее золотых сердечек-брелоков на модной сумке и выпуклых, ставших гигантскими, зеленых глаз с длинными ресницами, в которых я вдруг увидела свет, которого не видела никогда в жизни и одновременно видела всегда, еще до рождения, и я понимала, что Лера — единственный в мире сосуд этого света, одно прикосновение к которому дарует вечное блаженство, но не утоляющее жажду раз и навсегда, а заставляющее жаждать и желать все больше и больше, и все больше и больше дарящее. Мне снилось, что люди всего мира пришли к Лере и тянули к ней свои руки, и в полубреду мне казалось, что я говорю ей: «Поехали со мной и давай всегда будем вместе, ведь я люблю тебя больше всего на свете», и мне чудилось, что во всей этой толпе человечества минувших и грядущих веков, пришедшего к ней на поклон, к ней, от сотворения мира ходящей по земле неузнанной и вдруг обнаружившейся в облике случайной неприметной девушки из Ачинска, она выделила меня и ответила мне взглядом. Я молила ее, я кричала, что не видела в мире большей красоты, чем она, я ликовала о ней и знала, что она — первая и последняя, почитаемая и презираемая, блудница и святая, жена и девственница, мать и дочь. И все люди прошлого и будущего, и Миша, и Жанна, и старый водитель скорой помощи, и Серега, и проводницы, и я вместе с ними, тянули к ней руки, чтобы забрать ее себе или растерзать на куски, причастившись хотя бы ее частицы.

Когда я проснулась, меня напугала стоящая в вагоне тишина. Все люди были на своих местах, присмиревшие в каком-то небывалом оцепенении. Миша, пьяный до потери сознания, лежал на своем месте на верхней полке. Оттого ли, что он снова обо что-то ударился, его руки были в крови. Старый водитель скорой помощи сидел со счастливой застывшей улыбкой, как мертвый. Пожилая женщина в очках, всю дорогу разгадывавшая кроссворды, выглядела недоуменно и испуганно. У Жанны была кровь на губах, а на глазах слезы. Леры не было нигде. До Краснодара оставалось еще часа полтора, но Леры не было. Никто не пытался ее искать, никто не шевелился, только в похмельной тишине механически стучали и плакали колеса: те, кто ждал меня, берите меня себе, не будьте высокомерны, когда я брошена на землю… брошена на землю… тыдым тыдым… брошена на землю…

Секта

Гуня и Кипа были разнорабочими на заводе. Завод был рядом с портом, всегда дул холодный ветер, в ноябре небо опустилось на землю и облепило все заводские постройки. На заводе строили корабли, танкеры, плавучие краны, доки и все такое. Гуня был газ, а Кипа тормоз. Грузили ящики, а потом Кипа сел и задумался.

— О чем думаешь, Кипа? — спросил Гуня.

— Долго рассказывать…

— Я бля не тупой, пойму, я все понимаю, расскажи мне, Кипа!

— В башке у меня есть секта то ли каких-то дьяволопоклонников, то ли приверженцев первородной бездны, то ли почитателей восставших мертвецов, то ли верующих в упырей и берегинь, то ли еще чего похуже. Это самая страшная секта на свете, Гуня. Она имеет очень плохую репутацию.

— Кипа, а где она ее имеет, ну, плохую репутацию?

— В башке, Гуня. Но ей противостоит… ну, как бы это сказать… такая специальная полиция. Но тем не менее они, сектанты, периодически прорываются в мои сны и говорят неизменно одно и то же: «Мы не можем жить без любви. Мы умираем. Мы не можем жить без любви». Представляешь, Гуня, так и говорят, а я их как будто узнаю тогда, этих сектантов, будто знал их всегда, прежде родной матери, и очень хорошо понимаю, о чем они говорят, и мне очень больно. А потом порядок у меня в башке восстанавливается, сектанты исчезают, как мгновенные помехи, а я перестаю чувствовать, что они умирают, потому что не могут жить без любви. Но они умирают, Гуня, они умирают от того, что не могут жить без любви, я это знаю глубоко в своем сердце.

— Еб твою мать, Кипа, что ты мне рассказал такое… Знаешь что, Кипа, это и правда самая страшная секта, ты их не слушай. А то сойдешь с ума.

— Еб твою мать, Гуня, я тебе говорю: они умирают. Без любви. Так оно и есть. И это еб твою мать самая страшная вообще-пиздец-катастрофа.

— Тебе к психологу надо, Кипа. К хорошему психологу. Может, у тебя в жизни любви мало? Ну и эта, психика твоя, подает тебе сигнал, что любви мало, ну это если по этому, как его, Фрейду рассуждать?

— У меня в жизни любви, Гуня, столько, хоть жопой ешь. Я ей живу, любовью. Я люблю свою семью, своего кота, люблю тебя, Гуня, и всех встречных людей, люблю этот завод и эти ящики. Я люблю все, Гуня, но все равно им этого мало. Я их понимаю. Понимаешь, это не моя проблема. Это вообще есть такая проблема — в материи, в веществе, в том месте, где мы находимся, вообще во всем. Мало любви, от этого все погибает. Это даже если ты мать Тереза.

— Кипа, а есть такое место… ну, где достаточно любви, чтобы жить? Чтобы они жили?

— Я не знаю, Гуня.
— Кипа, знаешь что, а я вот могу жить без любви. И очень даже неплохо. У меня такая проблема не стоит вообще. Я не могу жить без денег. Без жратвы. Без ебли тоже тяжело. Твои сектанты — они зажрались. Настоящий мужик может жить без любви, это я тебе точно скажу.
— Нет, Гуня, и ты однажды умрешь от того, что не можешь жить без любви. Только ты не будешь знать, от чего ты умираешь. Я так думаю, что все умирают именно от этого, не просто же так вещество изнашивается.
Гуня отошел от Кипы и пошел снова таскать ящики. «Кипу надо убить, — подумал он, — Кипа совсем охуел». Он таскал и таскал ящики, пока вдруг перед глазами его не мелькнула молния, и на какой-то миг он увидел фигуру с надвинутым на лицо капюшоном, и откуда-то с самого дна бездны донесся до него голос, ранящий, строгий и полный глубокой скорби, неповторимо знакомый и режущий сердце: «Мы не можем жить без любви. Мы умираем, Гуня. Что же ты делаешь, Гуня. Мы не можем жить без любви».
«Кто ты, кто ты, — застучало сердце Гуни, — ты ты ты».
— Сука! — заорал Гуня, — сука!
И все прошло.

Домашняя порностудия Тришки Стрюцкого

> …и Тебе Самой оружие пройдет душу, —
> да откроются помышления многих сердец.
> *Пророчество святого Симеона Богоприимца*

> Тришка — эвто будет такой человек удивительный…
> *И. Тургенев, «Бежин луг»*

ТРИШКА СТРЮЦКИЙ СОБСТВЕННОЙ ПЕРСОНОЙ

Трифон Иоганнович Стрюцкий, для всего мира — так, никто, отставной козы барабанщик, в действительности же — подпольный порнограф, смотрит в окно. Помощник его, дебил Вавила, бывший боксер, пьет чай с бубликом. В комнате, отведенной под порностудию, окно единственное, и ничего в него не видно, кроме облаков. В облаках Солнце сияет среди ночи и Луна трижды в день; в облаках растут деревья, и с них капает кровь, и птицы перелетают на другие места; облака извергают рыб и издают ночью голос, неведомый для многих, и женщины рождают чудовищ.

Окно единственное, а квартирка сама на Обводном канале — старая, обмызганная, с высокими потолками. Комната просторная, у стены внушительных размеров кровать с атласным бельем, над кроватью на стене в массивной раме, как старинный портрет, фотография бледной женщины в черном на фоне облаков. В сердце ее воткнуты семь мечей: по три справа и слева, и один внизу. Из стены выступает ржавая перекладина: на ней висят наручники; на ржавом крюке — такой же ржавый пыточный ошейник-фиксатор; на полке — резиновая маска; в шкафу — кожаные ремни и плетки. Стены без обоев, рулоны изоленты, лампа-прожектор, ящики стола, полные веревки…

Порно Тришка (будем так называть героя нашего) снимает не простое, а особое. Тришка снимает на камеру со штативом, одним кадром, без перемены ракурсов, освещение дает лампа-прожектор, а дебил Вавила насилует и убивает. Есть у Тришки своя клиентура: политики, бизнесмены, представители шоу-бизнеса и прочие эстеты. Тришкины видео дорого стоят, распространяются по специальной рассылке, передаются из рук в руки.

Собой Тришка таков: правое его око как утренняя звезда восходящая, а другое как у льва; правая рука его железная, а левая — медная. Весь он плешивый, глаза маленькие, на лбу высыпь проказы. Сырой кровью убийства он поит землю.

МЕЧ ПЕРВЫЙ

Вавила ласкает грудь невзрачной, но ярко накрашенной девушки, играет с ней. И она с ним играет, как с большим дебильным щенком: механически, но честно, стремясь отработать неожиданно большую для нее сумму, которую Тришка заплатил ей за съемку. Не слышит она звука трубы, возвещающей убийство и гибель, и голоса народа многого, как чрезвычайно сильного ветра, как вихрь огня мнимого, несущегося чрез пустыню.

Называла она себя Амандой там, в сети, где Тришка нашел ее фото и телефон, а как настоящее ее имя — Тришка и не спрашивал. Катенька, *катенька* было ее настоящее имя. Он ей сразу понравился: заказал ей в «Кофе Хаузе» на площади Восстания огромный кофейный коктейль со сливками и сиропом, спрашивал о жизни. Пришел он к ней в овечьей шкуре, а внутри суть волк хищный.

Аманда второй год жила в Питере, сама была родом из Омска, но там у нее никого не осталось, кроме нищей матери, а отец спился давным-давно, когда закрыли завод, где он работал. Приехала Аманда сюда учиться в институт сервиса и экономики, училась с трудом, по ночам работала официанткой, не сдала сессию, отчислилась после первого курса, нашла в газете объявление «работа для девушек» и стала подрабатывать проституткой, чтобы заработать себе на съем комнаты и накопить на платное обучение в университете. Потом решила с конторами никакими не связываться, а сама через интернет искать клиентов, сняла комнату вместе с девушкой, которая тоже проституткой работала, ходила с ней иногда вместе по ночным клубам, влюбилась в клавишника одной малоизвестной группы, потому что у него были длинные волосы и грустные глаза, и группа их играла пошленькие песни про любовь, которые Аманде нравились. Но подойти к нему познакомиться Аманда не могла — она была робкая, тихая девушка по сути своей. Да и не красавица далеко, хотя старалась выглядеть модно и современно, и регулярно ходила в солярий делать себе лицо кирпичного цвета. Но Тришка все про нее понял, и главное — понял, что никто не хватится ее, пропадет она пропадом — и господь с ней.

Так и пропала Аманда-Катенька. Вот она в свете прожектора: лицо ее кирпичное в дешевом тональнике, маленькие грудки, крашеные волосы, ржавый ошейник-фиксатор на щуплой шее. Думает, бедная, о том, как потратит деньги, от Тришки полученные, как к косметологу пойдет, сумку себе купит, да и куртку бы новую надо, а какую именно куртку хочет — даже и не знает Катенька, задумалась…

Делает Тришка Вавиле знак глазами: пора. Хватает Вавила меч из сердца дамы в черном, вонзает меч в сердце Катеньки. Из места, откуда он его вытащил на фотографии, течет струйка крови. Голова Катеньки изумленно запрокидывается набок, глаза ее смотрят в окно, в облака, — как в детстве, когда она падала на землю и мама кричала: «Вставай, сучье вымя!», а Катенька в небо смотрела, и оно кружилось вокруг нее, а вещей всех — домов, магазинов, — не было как будто, а потом Катеньку ставили на ноги и все снова было, и Катенька улыбалась.

МЕЧ ВТОРОЙ

Вавила связывает девочку лет тринадцати, бьет ее плеткой. На столе в пеленках спит принесенный ею с собой младенец, к височкам его злодеем Тришкой приложена проспиртованная тряпочка, чтобы он крепче спал. «Ты не девственница?» — вдруг спрашивает Тришка у девочки. «Что? — удивляется она, — дяденька, вы чего — вот же ребенок мой!» «Ну да, конечно», — говорит Тришка сквозь зубы, продолжает снимать.

Вавила ухмыляется: он знает, что больше всего Тришка любит девственниц. Мечта его — чтобы жертвы их сплошь были девственницами, но по техническим причинам это обычно невозможно: девственниц мало стало на земле, все они бляди лет с двенадцати, — так Тришка любит говорить, — а кто девственница — с той не свяжешься, у нее папа-мама, семья благополучная, нам же такие девушки нужны, которых не хватятся, — так Тришка любит говорить.

Особое почтение, пиетет какой-то Тришка испытывает к девственницам. И к матерям тоже. Фигура матери — для него святое. «Все разрушили проклятые либералы, — говорит Тришка, — раньше все девушки были девственницами, все женщины — матерями, а теперь все бляди бездетные». Вавила смутно догадывается, что собственную мать Тришка убил. Иногда Тришка напивается и причитает: «Эх я, убийца своей матери, Нерон проклятый...» Или подолгу, со слезами стоит у фотографического портрета дамы в черном. Вавила спросил однажды: «Кто это? Убил ты ее али нет?» «Это она, Возлюбленная, мама моя», — надтреснутым голосом ответил Тришка. И вот тогда Вавила точно понял, что убил.

Тринадцатилетнюю девочку зовут Неждана, так назвал ее отец, потому что он не ожидал, что от него залетит эта малолетняя потаскуха, ее мать. Все ее детство мать била Неждану и говорила: «Принесешь в подоле». Неждана и принесла — от отчима. После этого Неждана сбежала от матери и отчима и стала жить с наркоманами в одной заброшенной квартире. Неждана тоже стала колоться и начала зарабатывать проституцией, чтобы прокормить себя, ребенка и заработать на дозу. Тришку она встретила на улице, потянула его за рукав: «Отдохнуть не желаете?» Тришка посмотрел на нее: под глазами синяки, губы опухшие, соломенные волоски на лоб падают, и сказал: «Пойдем со мной, золушка, хочешь сняться в кино?»

И превратились овцы в волков, и любовь превратилась в ненависть. И Вавила захватил богатство ее, как гнезда; и как забирают оставленные в них яйца, так забрал он всю землю ее, и никто не пошевелил крылом, и не открыл рта, и не пискнул. И Тришка отошел от камеры, подошел к младенцу и сказал ей: «Смотри!» — и стал душить младенца на ее глазах. Неждана вырывалась, хотела кричать, выплюнуть изо рта черный кляп. Закончив, Тришка вернулся к камере и сделал Вавиле знак, и Вавила схватил меч из сердца дамы в черном и вонзил его Неждане в сердце.

Неждана смотрела в окно — в облака, и увидела одного ангела, стоящего на солнце, который держал на руках ее младенца; и он воскликнул громким голосом, говоря всем птицам, летающим посредине неба: летите, собирайтесь на великую вечерю, чтобы пожрать трупы царей, трупы сильных, трупы тысяченачальников, трупы коней и сидящих на них, трупы всех свободных и рабов, и малых, и великих. А на снятой Тришкой пленке запечатлелись созданные окном отражения, и — как при гадании — образ Нежданы уплыл вглубь по зеркальной оси стекла.

МЕЧ ТРЕТИЙ

Тетя Люба сосет Вавиле член, от напряжения из фиалковых, залитой водкой глаз ее текут слезы. Вавила довольно улыбается. Он сам нашел для Тришки тетю Любу, можно сказать — влюбился в нее.

Тете Любе лет пятьдесят, она работает уборщицей-нянечкой в школе, живет одна и почти бичует. Вначале Вавила увидел ее задницу на школьном крыльце, которое она внаклонку подметала, а потом она обернулась своей алкоголической рожей с фиалковыми глазами, и Вавила пропал. Улыбаясь широко и даже пуская слюни от восторга, подошел он к ней и пригласил к ним с Тришкой в гости сниматься в кино. Сказал ей: «Приходи к нам, голуба. Уж я тебя с Тришкой познакомлю. Тришка — он знаешь какой? Каин он, Ламех, Нимврод, Кедорлаомер, Фараон, Авимелех, Саул, Голиаф, Авессалом, Валаам, Антиох Эпифан — наш Тришка».

Тетя Люба пришла, стали поить ее коньяком, она разговорилась от внимания двух таких почтенных господ, у которых и деньги на неплохой коньяк водятся. «Я, — говорит, — все могу. Раздеться и танцевать на столе могу. Члены сосать могу. Вот». «И я все могу, — говорит ей Тришка и по ручке гладит, — по моему слову солнце взойдет посреди ночи, и луна покажется в шестом часу дня; и я могу творить в мире все, что захочу, и действую и говорю как Возлюбленный…» «Ты, Тришка, и есть Возлюбленный! — кричит ему тетя Люба, — кто же ты, Тришка, как если не Возлюбленный! Ты — мой Возлюбленный! Сердца моего желание ты, Тришка!» «А я, Любонька, всю жизнь только и делаю, что исполняю желания сердец человеческих. Вот чего желаешь ты, Любонька?» «Петь и танцевать я желаю, Тришка, а ты снимай кино про меня, царицу небесную!» «Ты, Люба, царица небесная, пой и танцуй, Возлюбленная!»

И тетя Люба пошла танцевать и раздеваться, а Вавила хлопал в ладоши. Танцевала она — и себя вспоминала, девушкой, комсомолкой юной. И жизнь ее мутная, трудная, смешной ей казалась и яркой: как муж ее бросил, как одна дочку тянула, то на рынке фарцовщицей, то на фабрике швеей, теперь вот в школе уборщицей. А дочка выросла, уехала далеко, за богатого человека вышла, за американца, и не пишет даже. А дочка красавица, с глазами фиалковыми — вся в мать. «А хотите я вам девочек приведу? Школьниц? — предлагает тетя Люба. — Им ведь тоже, мелочи голопопой, подзаработать надо, потанцуют тут у вас, в кино снимутся…»

Взял Вавила Любу за волосы, бросил на кровать, она смеется. Берет он меч из фотографии странной дамы на фоне облаков, направляет Любе в сердце, и кровь течет из раны в портрете, и Люба видит облака, как кисель молочный, и наполняются они красным заревом, и раскрываются, как свитки, и в них деревня, где жила Любина бабка Мавра, и самовар нагрет, и пироги ее ждут, и думает Люба: «Как долго же я гуляла», а где была и чего видела — не помнит ничего.

МЕЧ ЧЕТВЕРТЫЙ

«Как низко ты упала, Верочка. Взойдем со мной на небо, выше звезд Божиих вознесу престол мой и сядем на горе в сонме богов, на краю севера; взойдем на высоты облачные». Так Тришка уговаривал бомжиху Верочку пойти сниматься в кино. Верочка не хотела вначале, потому что думала, что Тришка — социальный работник, который снимает кино про бомжей, но Тришка ее успокоил, сказал, что кино будет не про бомжей, а про любовь и смерть.

Верочка плохо пахла, и Тришка с Вавилой устроили ей теплую ванну. Нарядили ее в длинную черную сорочку в кружевах, — это, сказал Тришка, цвет мира существующего. Дали кроваво-красные чулки кружевные — это, сказал Тришка, цвет мира, гибнущего в огне. К чулкам дали ей пояс белоснежный — это, сказал Тришка, цвет будущего мира, и поморщился. Верочка от удовольствия разве что не мурлыкала. Вот она — в свете прожектора, с ртом, заклеенным изолентой, в наручниках. Тришка снимает, Вавила вином ярости блудодеяния поит ее.

Верочка давно уже бездомная, была она когда-то замужем, была у них с мужем квартира на Бухарестской улице. Муж пил и в лихой неурочный час заключил какую-то сделку, и квартиру у них отняли. Верочка пыталась разобраться, что к чему, говорила о каких-то черных риелторах, был и суд, но судья подтвердила — все, квартиру отбирают. Верочка кричала, что это нечестно, что судья — блядища купленная, что муж — алкоголик и мудак, что ехать ей некуда, в родном городишке в средней полосе ничего и никого у нее не осталось... Муж ее пропал вместе с остатками имущества. Сама же Верочка устроилась дворничихой, и ей выделили нелегально из жилфонда чердачную квартиру без дверей и мебели, где проходили собрания каких-то малолетних фашистов и вся стена была в свастиках. Верочка жила там два года, работала дворничихой, начала пить, потом не смогла больше работать, стала жить, где придется, ночевала в переходе метро. Первое время пыталась выкарабкаться, устроиться на работу, но никуда не брали без прописки, да и выглядела она непрезентабельно, одно время только удалось ей поработать ходячей рекламой, а потом Верочка оставила уже эти попытки.

И вот привели Верочку к себе Тришка с Вавилой под белы рученьки. Навстречу им на лестничной клетке двигались санитары из дурдома: уводили жильца из соседней квартиры. Жилец дергался и орал, что всех порвет и что в Тришкиной квартире — психотронный генератор, который на него воздействует, и кажется ему, будто невидимо Тришка его в анус насилует. В квартире же над ним жила женщина с сыном-олигофреном, и Тришка иногда о ней подумывал, но все же предпочитал придерживаться правила «не сри, где живешь». У мусоропровода стоял кем-то выброшенный цветущий перец без горшка. «Давайте его подберем», — попросила Верочка. Она любила растения и животных. Тришка с Вавилой послушно подобрали перец.

Выхватывает Вавила меч из сердца дамы в черном, как серна убитая вскрикивает Верочка. И видит облака в окне — или это облака на портрете, за спиной дамы? Видит в облаках множество орлов пернатых, что слетаются к ней с клекотом со стороны зари вечерней. И жалко ей перед ними чего-то маленького, детского, как будто перца этого цветущего или котенка того бездомного, которого она любила и подкармливала, пока дворничихой работала. Будто ничего другого в жизни и не было, только этот котенок.

МЕЧ ПЯТЫЙ

Пятилетняя голая девочка сидит на коленях у Вавилы. Глаза у нее большие, сияющие, как золото в угольях, волосы черные и кудрявые, кожа смуглая. Красива она необыкновенно. Зовут ее Лайло, но в детском доме, откуда забрал ее Тришка, дав взятку его директору, все называли ее просто — Ляля. К этому она и привыкла.

В детском доме все ее не любили за то, что она была смуглая, и били за это, и она плакала каждый день. Потом директор и дядя Тришка пришли и смотрели на маленьких девочек. Ляля тогда рисовала, и Тришка заинтересовался: «Что это у тебя?» На рисунке был зверь, подобный барсу; ноги у него — как у медведя, а пасть у него — как у льва. «Это зверя», — ответила Ляля. «Пойдешь со мной?» — спросил Тришка.

«Не-а», — ответила Ляля, и Тришка выбрал именно ее. «Заполонили все детские дома, чурки проклятые, гастарбайтеры», — прокомментировал директор детдома.

Пять лет назад родилась Лайло у таджикской девушки по имени Ситора, что означает «звезда». Ситора приехала в Петербург на заработки, работала дворничихой, потом официанткой. Один пожилой господин склонил Ситору к любви, и она забеременела. Пожилой господин не желал больше знать ее, а у Ситоры не было ни дома, ни штампа о регистрации в паспорте. Она вызвала «скорую» и ждала прибытия врачей на лавочке у ближайшего дома. Ситора родила, но ей некуда было идти с ребенком. Ей было страшно, и завтра должно было стать еще страшнее, и она написала отказ от дочки. «Может быть, в городе Петербурге найдутся люди, у которых есть дом и деньги, и они возьмут тебя к себе, маленькая Лайло», — сказала она дочери на прощание.

Таким человеком оказался Тришка. Есть у него друзья среди директоров детских домов, богаделен, приютов, среди милиционеров, чиновников, градоправителей, среди бизнесменов и политиков. Пока Вавила насилует маленькую Лайло — уж она-то, к вящей радости Тришки, оказалась девственницей! — в Госдуме обсуждают законопроект о запрете поцелуев на улицах. «Поцелуи на улице оскорбляют чувства добропорядочных граждан!» — орет истошно депутатка от партии «Справедливая Россия». Депутаты о чем-то шепчутся друг с другом, что-то украдкой передают друг другу: это последний эксклюзивный порнофильм «нашего Тришки» — как они его называют.

Вавила вытащил меч из сердца дамы, вонзил его в маленькую Лайло. Облака расступились, и снежный барс — символ Олимпиады в Сочи 2014 — встретил девочку и провел во фруктовый сад в небесном Таджикистане, где росли незнакомые ей вишни, персики и гранаты, и женщина в белом с черными косами гуляла меж деревьев и светилась ярко, как звезда-ситора.

МЕЧ ШЕСТОЙ

Гаяна громко кричит, спутанные темно-русые волосы, в которые вмешались поседевшие пряди, падают на ее лицо. «Ты царь! Ты дракон! Ты орел!» — кричит она, стоя на коленях и локтях, глядя на Тришку с камерой и вздрагивая от каждого движения Вавилы. Тришка в восторге — Гаяна оказалась девственницей. Зрачки у нее расширенные, тело тощее, черты лица острые, под глазами глубокие тени. «Опустошил беззаконник землю нашу от населяющих ее!» — кричит Гаяна.

Тришка забрал ее из психиатрического интерната, где она провела последние пятнадцать лет. Директор интерната — тоже среди друзей Тришки, отдал Гаяну ему за взятку. Тришка ходил по палатам, долго выбирал, но Гаяна понравилась ему больше всех. «Ты пришел забрать меня, Возлюбленный?» — спросила она его, как только увидела.

Мать Гаяны не разрешала ей встречаться с юношами, контролировала каждый ее шаг и про мужчин говорила: «Все они предатели. Ты, дурочка, ему поверишь, а он погусарит и бросит тебя с пузом». Когда-то с матерью Гаяны так и произошло, и она приложила все усилия, чтобы дочь не повторила ее печальный опыт. А Гаяне лет с четырнадцати только и хотелось, что встречаться с мальчиками. Так хотелось, что она кусала себе губы в кровь и резала бритвой руки. Но, хотя Гаяна была девушкой симпатичной, она выросла такой зажатой и забитой, что ни о каких мужчинах не могло быть и речи. Гаяна боялась их и верила матери, что все они предатели.

Паинькой жила она при матери, училась в лесотехнической академии, и был там один юноша, тихий и забитый, как она сама, учился он плохо, почти ни с кем не разговаривал, и все ребята не любили его и относились как к изгою, а Гаяне он нравился. Она смотрела иногда на него, а он на нее, и Гаяна мечтала о нем. Однажды темным зимним утром по дороге в академию в пустынном парке он нагнал ее, повалил на землю и начал трогать, залез руками под одежду, потрогал грудь и между ног, а потом убежал. Гаяна никому не рассказала об этом, но поняла, что она виновата в чем-то страшном, раз с ней такое случилось. «Мать убьет меня, если узнает, скажет, что я проститутка, — думала Гаяна, — наверное, грех мой в том, что я думала об этом мальчике, и он решил дать мне то, чего я хотела и чего я заслуживаю, это случилось со мной от того, что я слишком испорченная».

Гаяна решила попросить у Бога прощения и пошла в церковь, а потом стала ходить в церковь постоянно, все время молилась и втыкала себе в руки иголки. Через какое-то время Гаяна стала слышать голоса, называющие ее разными нехорошими словами. Голоса глумились над ней, а однажды, когда она была на занятиях в академии, они приказали ей раздеться, и она разделась и стала голая бегать по академии и кричать. Вызвали скорую, и Гаяну положили в больницу. Там ее через какое-то время привели в порядок, и еще сколько-то лет Гаяна тихо жила при своей матери с редкими обострениями. Но мать Гаяны умерла, и единственная оставшаяся родственница — материна сестра, желающая завладеть квартирой, воспользовалась своими связями, дала кое-какие взятки и сдала Гаяну во время очередного приступа в интернат, где ее и нашел Тришка.

И Тришка сделал Вавиле знак глазами. И Вавила вытащил меч из портрета и воткнул Гаяне в грудь. Гаяна видела облака в окне и свою покойную мать и вспомнила, как они гуляли, когда Гаяна была маленькая. Гаяна тогда хотела кататься на колесе обозрения, а мать отказывалась и говорила, что это страшно, а тут прямо в облаках было огромное колесо обозрения, и мать улыбалась и звала Гаяну, и страшно не было.

МЕЧ СЕДЬМОЙ

Нинель Владленовна лежит под Вавилой, как старое, окостеневшее бревно. И только иногда выкрикивает: «Материализм — передовая философия! Сознание — свойство материи! Количество переходит в качество! Развитие — борьба противоположностей! Познание — отражение объективного мира! Практика — критерий истины! Способ производства — материальная основа жизни общества! Государство — орудие классового господства! Народные массы — творцы истории! От каждого по способностям — каждому по потребностям! Дружба народов!»

«Все это так, это несомненно так, Нинель Владленовна», — говорит на это Тришка, снимая происходящее на камеру.

Девяностолетнюю Нинель Владленовну он нашел в доме престарелых, куда ее сдали дети и внуки, потому что им надоело за ней ухаживать. «Сколько можно, — думали они, — характер у нее несносный, она давно уже в маразме и ходит под себя, и при этом она занимает целую комнату, а молодым жить негде, а им ведь еще детей рожать. А эта только и делает, что кричит целыми днями свои лозунги!» С лозунгами — им было особенно неудобно: никого домой нельзя привести, чтобы эта бывшая партийная работница и преподавательница марксизма-ленинизма не выкрикивала из своей комнаты что-то вроде: «Демократия для трудящихся! Рабочий класс — освободитель трудящегося человечества!» «Как стыдно! — говорили ее дети и внуки. — Как стыдно! Теперь так думать не принято, а она в своем маразме всю изнанку своего существа наружу выставляет, а изнанка ее известно какая — марксизм-ленинизм. Человек — он ведь как горшок: что туда насрешь, то там и находится». Так Нинель Владленовна оказалась в доме престарелых, откуда за взятку забрал ее Тришка, а директор оформил документы, будто она умерла от старости.

Нинель Владленовна описалась. «Избавится ли капитализм от экономических кризисов?» — дребезжащим, но все еще железным голосом спросила она, глядя Вавиле в глаза. «Пора уже? Пора? Достаточно?» — не выдержал Вавила и окликнул Тришку. Тришка кивнул головой. Вавила схватил меч из портрета дамы в черном и вонзил его старухе в сердце. Облака ждали ее, в них увидела она почему-то родильную палату, и палата была полна облаков. В руках у Нинель был сверток — ее первый сын, и она чувствовала радость и гордость, что еще одного человека родила она на свет, и он будет жить теперь для социализма и братства всех людей и не позволит сильному угнетать слабого.

ТРИШКА И ДАМА В ЧЕРНОМ

Трифон Иоганнович Стрюцкий, для всего мира — так, никто, отставной козы барабанщик, в действительности же — подпольный порнограф, смотрит в окно. Помощник его, дебил Вавила, бывший боксер, пьет чай с бубликом. В окне — облака. «Идет! Вавила, она идет!» — вдруг крикнул Тришка. «Кто идет?» — не понял Вавила. «Она! Возлюбленная!» — шепчет Тришка.

Раздался звонок в квартиру, Вавила пошел открывать, а Тришка замер, не в силах пошелохнуться. В комнату вошли Вавила и дама в черном с портрета. Дама выглядела совсем юной, на глазах у нее были темные очки, на руках запеленатый мертвый младенец. «Мама! — сказал ей Тришка. — Ты пришла! Я всегда мечтал о тебе, всю жизнь!»

«Снимай! Это будет ролик, которого мир еще не видел!» — крикнул Тришка Вавиле и бросился снимать с себя одежду. Дама стояла неподвижно. Вавила кинулся к штативу и начал съемку. Когда Тришка разделся, Вавила увидел рану напротив его сердца — как будто от меча. Тришка подошел к даме в черном, взял из ее рук младенца и положил на стол, затем бросил даму в черном на кровать, лег на нее, одним резким движением хотел войти в нее, но только он это движение совершил — лед и огонь, ужас и свет прошли по телу его, и в тот же миг он оказался мертв. В этот миг Вавила посмотрел в окно и увидел в облаках собравшихся Катеньку-Аманду с кирпичным лицом в дешевом тональнике, тринадцатилетнюю Неждану с соломенными волосами, тетю Любу с фиалковыми глазами, бомжиху Верочку в кроваво-красных чулках с белым поясом, смуглую пятилетнюю Лайло, безумную Гаяну, старуху Нинель Владленовну со строго поджатыми губами. Все они смотрели в комнату, показывали на Тришку и пели щемяще и сладостно, торжественно и горько.

Дама в черном встала с кровати, сняла очки, долгим взглядом, который Вавила никогда не забудет, посмотрела на него, встала и ушла из комнаты, спустилась вниз по лестнице и исчезла навечно, и Вавила слышал, как цокали по ступенькам ее небольшие каблучки. Раздался крик младенца, Вавила распеленал его и увидел, что дитя ожило, хотя напротив сердца его была рана — как будто от меча. Ребенок смотрел на Вавилу взглядом долгим и разумным, полным света и величия, подобным взгляду дамы в черном. В глазах его была чистота того, кто очнулся от смерти, как от долгой болезни, и во взгляде его мир очищался, как бы сгорая в огне, и рождался для новой, иной жизни. Вавила долго смотрел на младенца, потом взял его на руки: «Теперь ты со мной будешь. Я тебя воспитаю. Назову тебя… Тришкой. Ты — Тришка, ты — Возлюбленный».

ПРОЩАНИЕ С ВАВИЛОЙ И ТРИШКОЙ

Вавила взял маленького Тришку на руки и отправился в сторону вокзала, чтобы уехать прочь из этого города. Вокруг щебетали птицы, целовались бесконечные влюбленные парочки. Вавила с маленьким Тришкой проходили как бы через слои облаков. В облаках этих Катенька-Аманда кружилась, раскинув руки, и улыбалась, и Неждана с младенцем на руках стояла на солнце вместе с ангелом. Вавила нес Тришку мимо деревни в облаках, где Люба вместе с бабушкой Маврой разливали чай из самовара и ели пироги; клекотали орлы, и играла с котенком среди облаков Верочка; Лайло гуляла во фруктовом облачном саду в небесном Таджикистане среди вишневых деревьев, персиков и гранатов; Гаяна каталась на огромном колесе обозрения, верхушка которого совсем терялась в облаках; и Нинель Владленовна вышла из родильного дома с сыном, и лицо ее светилось.

Приветствуем Тебя, Возлюбленный!

ЭПИЛОГ

«Давай посмотрим это видео, я вчера нашел его в интернете. Знаешь, странное такое, но что-то в нем есть.

Там баба, такая красивая, в черном, и мужик хочет ее трахнуть. Выглядит, как будто сейчас будет нормальное порно. Он раздевается, бросает ее на кровать, но только начинает трахать ее — тут же умирает. Сам по себе, прикинь, только начал совать ей — и сразу умер. Вот прикол, прикинь? Ваще блядь… Как будто он так хотел ее, что — ну хрен его знает, сердце не выдержало, что ли. Но выглядит как-то мистически даже, да. В общем, подрочить можно, зачет».

Семь эдельвейсов для моего жениха
(шаманское путешествие)

Священник приехал провести службу в горной часовне. Косули ревели в лесах, гадюки переползали дорогу, каменные бабы в колючей траве издавали звуки, похожие на горловое пение. Двое любовников заблудились в дикой смородине, а молодой браконьер в ковбойской шляпе выкапывал золотой корень. Я собирала эдельвейсы в долине для моего жениха, и, собрав седьмой цветок, упала в обморок и очнулась в железном замке Эрлик-хана. Там собралась неплохая компания: черные шаманы, что сгорели на про́клятой горе (было и такое), пожилые деревенские тетки, агроном и ветеринар, Клара и Тамара, шаманящие по ночам, молодой шаман, недавно вернувшийся из тюрьмы, и даже тот самый, сильный шаман из деревни Белый-Ануй, и еще несколько ребят, не имеющих никакого отношения к шаманизму: рыжеволосый парень с винтовкой, который долго боялся гор после Чечни, московская девушка Эмма, странный парень, смуглый, похожий на цыгана или разбойника, ничего о себе не рассказывающий и отвечающий на вопросы так противоречиво, что все заподозрили, что он лжет. Были и другие, незнакомые мне люди. После окончания службы появился и священник. Мы сидели за столом в расселине, все было железное, наши лица теряли форму, кровь текла по столу, витали тени и поднимали с нами кубки, полные кровавого железа. Бегали ящерицы, поднимались подземные воды, что-то раздирало наши тела, разбивало атомы, шипело, скрежетало. Вошли медведь и росомаха. Прямо из замка я видела горы и долины, и то, как вода разливается по полям золотого корня, и как всадники сделали привал. Мы изрядно напились, с нами был Эрлик, с длинными черными волосами, похожий на death-металлиста. Он закладывал усы за уши и цитировал Ницше. Называл себя нигилистом, был одет в семь медвежьих шкур с мечом из зеленого железа. Тускло светило солнце нижнего мира. Эрлик сказал: «Я люблю черный цвет, потому что я люблю горе и грязь. Это цвет горя и грязи. Цвет Космоса и земли». И когда он сказал это, я словно утонула в горе и грязи, растворилась в космосе и земле, и я вышла плакать на берег реки Тойбодым, и видела дьутпа. И адам Эрлик учил нас проникать в другие миры и водил нас на болото дышать бензином, а потом к озеру самоубийц. Адам Эрлик рассказал, что именно он вдохнул в людей душу. В чашке его когда-то расцвел цветок — цветок творца. Он создал горы, диких зверей и гадов, он создал несчастья, болезни, медведя, барсука, крота, верблюда, корову. Когда человек умирает, его душа возвращается к нему, своему творцу. Он провел нас в чертоги, увитые ручьем, и в осыпи. Он проводил нас до черного пня, до котла с кипящей водой, и мы вышли из-под земли. Мы больше не были людьми, мы были цветами в ослепительной луговой альпийской горечи. Эмма стала кровохлебкой, рыжеволосый парень — пижмой, я — горным васильком. Была осень, и я увидела, что могу убивать глазами. А потом мы стали птицами, потом — дождем в горящем саду, молниеносным лучом, речным туманом, черникой. И священник сказал: «Должно быть, мы умерли, и теперь мы бесы-кермесы, слуги Эрлика». Но я сказала: «Нет, мы живы, мы живы! Я слышу, как бьется мое сердце». После — мы стали музыкой. Я была звуком окарины, свистульки, на которой играли дети в деревне. Мы были оружием: луками, стрелами, ножами, копьями, мы были новейшим оружием: лазерными излучателями, рельсотронами, магнитными ускорителями, межконтинентальными баллистическими ракетами, нас звали «Сотка», «Воевода», «Тополь», «Рубеж», «Сармат». Мы были беспилотниками, перемещающимися со скоростью большей, чем скорость звука, мы уничтожили мир, уничтожили человечество, и там, в бесконечном пространстве, где мы неслись, я вспомнила, кто мы: тридцать восемь атомов антивещества, пойманных некогда в ловушку Пеннинга, мы летели обратно в свой антимир, в обратное пространство-время, и вот уже звезды — не звезды, а антизвезды, и я увидела, как между ними кружатся эдельвейсы, те семь эдельвейсов, что я собирала некогда для моего жениха…

Страшная сказка

мертвая женщина в могиле лежит и спрашивает: ножки мои бедные, что вы для меня делали? — мы всю жизнь ходили, обивали пороги, бегали, дела делали, верно служили. теперь устали, хотим поспать. — и то правда. покойтесь с миром. хорошо вы мне послужили. ноги засыпают.

а мертвая женщина спрашивает: ручки мои бедные, что вы для меня делали? — мы всю жизнь работали, на фабрике старались, дома готовили, порядок наводили, детей качали, верно служили. теперь устали, хотим поспать. — и то правда. покойтесь с миром. хорошо вы мне послужили. руки засыпают.

а мертвая женщина спрашивает: ты, пизда моя, что ты для меня делала? — всю жизнь тебе служила, с мужем жила, детей родила. теперь устала, хочу поспать. — и то правда. покойся с миром. хорошо ты мне послужила. пизда засыпает.

а мертвая женщина спрашивает: ты, жопа моя, что ты для меня делала? — всю жизнь тебе служила, каждый день тебя очищала, на твердом сидела — не ныла. теперь устала, хочу поспать. — и то правда. покойся с миром. хорошо ты мне послужила. жопа засыпает.

а мертвая женщина спрашивает: живот мой бедный, что ты для меня делал? — всю жизнь тебе служил, пищу твою переваривал, детей вынашивал. теперь устал, хочу поспать. — и то правда. покойся с миром. хорошо ты мне послужил. живот засыпает.

а мертвая женщина спрашивает: спина моя бедная, что ты для меня делала? — всю жизнь тебе служила, гнулась, ишачила. теперь устала, хочу поспать. — и то правда. покойся с миром. хорошо ты мне послужила. спина засыпает.

а мертвая женщина спрашивает: груди мои бедные, что вы для меня делали? — мы детей питали, троих вскормили. теперь устали, хотим поспать. — и то правда. покойтесь с миром. хорошо вы мне послужили. груди засыпают.

а мертвая женщина спрашивает: шея моя бедная, что ты для меня делала? — всю жизнь тебе служила, буйну голову держала, перед сильными склонялась, но не ломалась. теперь устала, хочу поспать. — и то правда. покойся с миром. хорошо ты мне послужила. шея засыпает.

а мертвая женщина спрашивает: голова моя подлая, что ты для меня делала? — сама знаешь. всю жизнь тебе портила, испоганила, мысли черные думала, болела да маялась. — и то правда. иди прочь, проклятая! не будет тебе упокоения! голова проламывает крышку гроба, продирается сквозь слои земли и катится прочь.

катится голова по кладбищу, а навстречу ворон. — голова-голова, я выклюю твои глаза! — а мне-то что, я же мертвая! и покатилась дальше.

катится по дорожке, а навстречу кошка. — голова-голова, я расцарапаю твое лицо! — ну и дура будешь, кошка драная! и покатилась дальше.

катится по траве, а навстречу собака. — голова-голова, я укушу тебя прямо в… в… в голову! — ах так, сейчас я сама тебя укушу! — и голова залязгала зубами. собака, скуля, убежала, а голова покатилась дальше.

нашла на краю кладбища у самого леса заброшенный строительный вагончик, закатилась под него, да там и осталась. лежит себе, зубами клацает, думает черные мысли, неупокоенная. то снег идет, то цветы распускаются, а голова все на месте. идти-то ей некуда. и сейчас там.

Три убийцы

Лик Другого [говорит]: «Ты не убьешь меня».

Э. Левинас

Три страшных убийцы встретились и разговорились между собой. Разговор крутился вокруг того, что именно сделало их убийцами.

«Я по натуре неплохой человек, — сказал один из них, — но окружение, в котором я нахожусь с детства, запрятало глубоко все хорошее во мне и обильно вскормило все плохое. Я рос в криминальной среде, среди жестокости и преступлений, и с младых ногтей сам пошел по кривой дорожке. Постепенно, не сразу, стал я и убийцей».

«Что же, — сказал второй убийца, — и я не так уж плох. Но в детстве случилось так, что надо мной совершили страшное насилие. Вспышки ярости периодически затуманивают мой разум, и я сам себе не хозяин — убиваю всякого, кто в этот момент окажется под рукой. Даже любимую жену я убил».

«Ну а ты?» — спросили они третьего, щуплого паренька, который глядел в землю и непонятно было, слушал ли он вообще их истории. У паренька этого была репутация самого жестокого и страшного убийцы, и никто не мог сравниться с ним. «А че я?» — поднял глаза парень. «А ты — почему убиваешь?» «А, вы про это, ну слушайте», — и парень начал свой рассказ.

«Как рождается иной человек без руки или без ноги, так и я родился без некоего чувства, которое есть у большинства людей и, по всей видимости, даже у вас. Я родился без того чувства, что другие люди живые, такие же, как и я. Сколько ни смотрел я на них и на мир вокруг — все было неживое, словно какие-то бездушные автоматы окружали меня. Жить в этом мире мне было тошно и скучно, ведь один я в нем и существовал на самом деле, а все остальные были просто двигающимися картинками. Но все изменилось, когда однажды увидел я смерть и агонию, увидел, как мучается и умирает другой человек. В эти мгновения, когда он мучился и умирал, я вдруг смог почувствовать, что он живой. Что он такой же, как я. И в эти мгновения бесконечный мир раскрылся для меня, и все обрело реальность. Впервые в жизни я почувствовал реальное вокруг себя. Как будто был разорван холст, на котором были нарисованы все эти двигающиеся картинки, и мне открылась огромная, бесконечная реальность, которую он скрывал. И единственный доступ к ней — это агония и смерть. Открыв эту дверь однажды, я захотел открывать ее еще и еще. Я хотел чувствовать, что другие люди тоже живые. Для этого нужно было их убивать. Потому я и стал убийцей, столь изощренно и долго мучающим своих жертв».

«Н-да», — сказал первый убийца. «Охохонюшки-хохо», — сказал второй убийца. «А иначе никак — ну… э… почувствовать, что другие люди тоже живые?» — спросил первый убийца. «Никак», — ответил парень. «Как ты думаешь, а почему ты таким родился… ну… без этого чувства?» — спросил второй убийца. «Не знаю, — ответил парень, — просто родился. Бывает же, что у человека чего-то нет, как врожденное уродство, ну вот и у меня так». Убийцы разошлись.

«Я-то еще неплохой человек, оказывается, — думал первый убийца, — ну да, убиваю, но это все среда меня таким сделала, я и сам жертва. А этот парень — так просто моральный урод, недочеловек».

«Есть и похуже меня, — думал второй убийца, — я жену свою убил, но любил ведь и за человека считал. И мать убил, но любил. Потом жалел. А этот — мразь, маньяк, выродок».

Третий убийца шел себе и шел и ни о чем не думал. Мир вокруг был какой-то бесцветный, пластмассовый, ненастоящий. Солнце светило, как нарисованное. Люди шли навстречу, как движущиеся манекены. И только крик предсмертной боли мог молнией взрезать эту ложь, эту пустоту и одиночество, разорвать занавес, вернуть реальность вещам, выбросить его в живую бесконечность, в которой на него смотрит Лик Другого — другие, такие же, как он, извивающиеся, орущие «не надо» настоящие живые люди, его братья и сестры.

Серый человек

Один мой друг стал совсем как зомби. Он перестал чем-либо интересоваться, почти не разговаривал и превратился в живой автомат. Внимательно глядя на моего друга истинным зрением, я увидела, что он — не совсем он, что его личность загнана куда-то внутрь, и теперь в нем живет серый человек без головы, и делает его таким, как зомби. Это серое безголовое существо подчиняется колдуну, наложившему заклятие. Головы у этого существа нет именно потому, что тот, на кого наложено это заклятие, не может больше ни мыслить, ни быть личностью. Суть этого серого человека — в том, чтобы подчиняться колдуну и одновременно принимать на себя все плохое. До вчерашнего дня я не знала, как снять заклятие с друга, но вчера волей судеб я оказалась на выставке «Золото инков» в Этнографическом музее и увидела там древний музыкальный инструмент. На нем был изображен человек и отделившееся от него серое существо без головы, в которое летели дротики. Я сразу узнала это серое существо — именно оно жило в моем друге. Я поняла, что на музыкальном инструменте изображена сцена изгнания этого существа, избавления от заклятия. Именно от игры на этом древнем музыкальном инструменте серый человек покидает носителя, для этого он и создан. Я привела своего друга в музей перед самым закрытием, сделала нас невидимыми для охраны, взяла из-под стекла этот инструмент и начала играть на нем. Как только инструмент издал первый звук, мой друг оживился, на лице его появилась улыбка, и я увидела, что серый человек без головы покидает его. Так я избавила друга от серого безголового человека и разгадала загадку инков.

Писатели

1

Жил-был один психолог-эзотерик. И не просто жил-был, а во всем преуспевал. И решил написать роман. В романе должны были быть отражены его главные мысли, в которые он верил всей душой. Их было три:

1) Мысль материальна.
2) Ты несешь ответственность за все, что с тобой происходит.
3) Истинные причины всех твоих проблем находятся внутри.

Но вдруг на улице ему на голову насрал голубь, и на него снизошел Дух. И в романе его получилось все наоборот, не так, как он задумал. Он пытался описать мир, в котором есть простор для реализации возможностей каждого человека, а вместо этого описывал мир, в котором все обстояло как-то не так. Что именно было не так, трудно сказать, — даже не в устройстве общества было не так, а в устройстве вечности было не так, и у персонажей, населявших этот мир, не было никаких достойных альтернатив. Все они были глубоко порядочные, тонко чувствующие, мыслящие и благородные люди, стремящиеся воплотить в мире свою возвышенную мечту. Но в результате они либо погибали, либо сходили с ума, либо просто уставали от самих себя и своей мечты и ломались. Как ни пытался психолог-эзотерик исправить свой текст и направить его в нужное русло, получалась какая-то объективная данность: саму вечность поперек рассекает трещина, и декорации для гибели человеческой души в мире могут быть разные, а суть всегда одна: разрушение, безумие, усталость.

2

У психолога-эзотерика был сосед — философ-разнорабочий. Он был полным лузером, а кроме того, чистым, прекрасным и возвышенным человеком. Зарабатывал он немного, а заработанное тратил на героин. Он тоже писал роман и хотел выразить в нем три свои главные мысли:

1) Жизнь — говно.
2) Смысла жизни не существует.
3) Все сдохнут, и туда им и дорога.

Но голубь насрал ему на голову, и на него снизошел Дух. В его романе, независимо от его воли, действовали люди, у которых все получалось. Их мысли были материальны и сбывались, их воля была способна менять мир. Они творили, и звери и птицы слушались их; они творили и не уставали от дел своих, ибо видели они, что дела их хороши. Дни свои они заканчивали старыми, мудрыми и просветленными, ни о чем не жалея и целиком принимая мир. В творчестве своем они обретали бессмертие и вечное счастье.

3

Ни психолог-эзотерик, ни философ-разнорабочий не дописали свои романы. Психолог-эзотерик забросил свой, потому что он отвлекал его от частной практики и зарабатывания бабла, плюс его напрягало, что получается какая-то мрачная непонятная хуета. Философ-разнорабочий не закончил свой, потому что, во-первых, не верил в то, что он писал, а во-вторых, сдох от передоза героина.

Голубь же продолжает срать на головы кому ни попадя.

В общем, бывает по-всякому.

Мой первый схизис

В дурдоме пациентам на занятии по терапии творчеством задали написать сочинение на тему «Мой первый схизис».

Пациент Демидов написал про то, как когда-то, когда он был ребенком, они с матерью ехали в метро, и на скамейке перед ними, положив ладошку под щеку, спал бомж. У него была борода, похожая на желтое мочало, и старое сморщенное лицо. От него пахло. И Демидов сказал маме, показав на бомжа: «Фу, кака!» А мама ему сказала: «А ведь этот человек был для кого-то любимым сыном, самым прекрасным на свете, как ты для меня. А ведь в этого человека когда-то кто-то влюблялся и мечтал о нем». И вот тогда в голове у пациента Демидова впервые не сошлись концы с концами.

Кстати сказать, пациента Демидова привезли в дурдом после длительного периода бомжевания.

Пациент Смирнов написал про то, как они шли с горячо любимой бабушкой по улице и увидели сизых голубей. «Гули-гули», — сказал Смирнов. Бабушка Смирнова сказала ему: «Голуби — хорошие птицы. Их нельзя обижать». Голуби ворковали громко, как мурлыкающие коты, прогуливаясь на весеннем солнышке. Маленький Смирнов улыбался, хлопал в ладоши и говорил: «Гули-гули». На следующий день соседский мальчик Никита на глазах у Смирнова убил голубя — разбил ему камнем голову, а потом еще свернул шею. И вот тогда в голове у пациента Смирнова впервые не сошлись концы с концами.

Кстати сказать, пациент Смирнов — тяжелый садист, и в дурдом его сдали соседи по коммуналке, когда он снял шкуру чулком с их кошки.

Пациент Конюхов был нетворческим человеком, и не склонным к самоанализу. Ему трудно было самому придумать сочинение про «Мой первый схизис». И, когда к пациенту Конюхову пришла его старая мать проведать его и принести пряников и сигарет, пациент Конюхов попросил ее зайти дома в интернет и скачать ему какое-нибудь готовое сочинение на тему «Мой первый схизис». Старая послушная мать, которую Конюхов избивал годами, пришла домой и стала искать в интернете такое сочинение, но нашла вместо этого стихотворение Ярослава Могутина «Мой первый кулак»: «я хотел его выебать но у меня плохо стоял у меня всегда плохо стоит на кокаине поэтому я уже окончательно расслабился впав в состояние полного охуения и рабской покорности а он начал шурудить во мне пальцами постепенно засунув в меня всю пятерню сложенную лодочкой мне уже казалось что это предел но он знал свое дело и после недолгих усилий во мне уже был весь кулак первый кулак в моей жизни мне даже показалось что по этому поводу прозвучал какой-то зубодробительный вселенский аккорд». Это стихотворение, в котором она не поняла ни одного слова, она и переписала от руки для сына. Что такое «схизис», она все равно не знала, а вот увесистый кулак своего сына помнила хорошо и решила, что и так сойдет. Это стихотворение пациент Конюхов и представил в виде своего сочинения.

Позевывая, с тоской читал сочинения пациентов психотерапевт Лифшиц, и только на сочинении Конюхова оживился. На следующий день он вызвал к себе пациента Конюхова и смотрел внимательно и заинтересованно на его брутальную слабоумную физиономию и огромные кулаки. И вот тогда в голове у психотерапевта Лифшица впервые не сошлись концы с концами.

Пациент У.

Пациент У. ходит одновременно к психиатру и психоаналитику. К психоаналитику дважды в неделю, а к психиатру дважды в год, за рецептами. К психоаналитику он ходить очень любит, а к психиатру не любит. Дело в том, что с психиатром и психоаналитиком приходится ему прибегать к разным дискурсам.

Например, спрашивает его психоаналитик: «Что в вас изменилось за последние десять лет?» И пациент У. отвечает подробно про то, как он дошел до жизни такой и во что превратился и к чему все дело идет. Рассказывает, что он конченый человек, без будущего, опустившееся ничтожество, и все, что было для него свято десять лет назад — ныне продано и проклято. Рассказывает, что потерял все — семью, карьеру, любовь, что спит теперь со всеми подряд, и единственная радость — упороться наркотиками. Рассказывает, что у него развивается апато-абулический синдром, что он не способен добиться ничего, нет воли, и все безразлично, и только лежит дома пластом, не может ни читать, ни писать, ни работать, и мать-пенсионерка его содержит, а он все думает о самоубийстве, но решиться не может. У психоаналитика — эмпатия, а пациенту У. — чистая радость, что кто-то его принимает таким, какой он есть. Тем более что для психоаналитика нет понятия нормы, и он не верит, что У. конченый псих, что бы он о себе ни говорил.

Но вот все закупленные впрок лекарства кончаются, и У. приходится идти к психиатру за рецептами. Прежде чем их выписать, психиатр разговаривает с У. и спрашивает что-нибудь такое, ну, например, опять же: «Что в вас изменилось за последние десять лет?» Пациент У. понимает, что психиатр это спрашивает, чтобы понять, насколько глубоко деградировал У., и не выписать ли ему чего-нибудь тяжеленькое, галоперидол, например. Галоперидола У. не хочет, потому что он у него уже десять лет как живо стоит в памяти. И вот тут-то пациент У. меняет дискурс: «Мне кажется, я стал гораздо лучше, — говорит У., — стал более спокойным человеком, более зрелым. Лучше понимаю жизнь, приобрел бесценный опыт. Развелся — но это к лучшему, потерял работу — тоже к лучшему. Теперь что-то новое хорошее начнется. Жить интересно, много новых знакомств, много читаю, пишу, такие-то и такие-то статьи написал. И есть идея насчет работы на будущее, и даже с хорошей зарплатой». Говорит все это У. и видит в глазах психиатра глубокий скепсис. Потом психиатр, покачивая головой, выписывает для У. нужные ему рецепты, и У. счастливый уходит. Психиатр закуривает и думает: «Какой же все-таки глубоко ебанутый псих этот У.».

На правах рекламы

Позвольте представиться, я ангел чистого сознания, ментальный контролер, а проще говоря — корректор ваших текстов. Но не совсем обычный корректор. Я работаю в агентстве, которое принимает на вычитку ваши тексты: письма, деловые бумаги и все, что вам только вздумается. Но нас не волнуют ваши запятые и мелкие опечатки, которыми занимаются обычные корректоры. Мы ищем в ваших текстах кое-что более важное. Например, написанное большими буквами слово «ХУЙ». Или «ПИЗДА». Или что-то еще в таком духе. Представляете, как это неудобно: вы пишете деловое письмо, а там между строк ни с того ни с сего затесалось слово «ХУЙ». Вы пишете начальнику, а в конце письма, после слов «с уважением» стоит «СДОХНИ, СУКА, ПАДЛА, МУДИЛА». Вы пишете девушке, за которой ухаживаете, куртуазное письмо, а между строк откуда ни возьмись «Я БЫ ТЕБЯ ВЫЕБАЛ, ДРЯННАЯ СУЧКА, ДАВАЙ ОТСОСИ У МЕНЯ». Вы спросите, откуда это все берется в ваших текстах? Ответ прост: это вырывается из подсознания. Проконтролировать процесс письма до конца вы не можете, особенно если вы устали, раздражены или чем-то отвлечены. И в таких случаях слово «ХУЙ» или что похуже вырывается из вашего бессознательного и попадает на страницы ваших текстов. Бесполезно потом самостоятельно перечитывать свои тексты и пытаться самому найти подобные выплески матерщины, агрессии и вытесненной сексуальности: вы просто их не заметите, не сможете увидеть. Если вы столкнетесь с подобными словами и фразами в вашем тексте, не сомневайтесь: они тут же будут вытеснены вами как неприемлемые для вашего сознания. Поэтому и приходится людям, ценящим свою репутацию, обращаться в наше агентство. То, что мы делаем, — внимательная и кропотливая работа, и стоит она недешево, но, может, пора уже наконец прекратить позориться?

С уважением,
ангел чистого сознания,
корректор 6-го разряда
по ментальному контролю
агентства «Стыдно у кого видно»

НЕСИТЕ НАМ ВАШИ ДЕНЬГИ, ДЕБИЛЫ, ЕБАНЫЕ КОЗЛЫ

IV. ПАМЯТЬ О РАЕ

Память о рае

Я родилась в центре Эдема, в Колыбели Бога, в Стране Чудес, во Времени сновидений. Вещи вокруг меня превращались и пели, — они еще были неопределенны и не знали своих границ. Я провела во сне, не отличимом от бодрствования, тысячи лет, и все это время сосала грудь моей матери. Ни одна вещь не была тождественна себе самой, все было едино и целостно. Медленно, постепенно мой целостный, младенческий мир разрушался. В нем завелась странная болезнь, которая разъедала его, и однажды все распалось на сон и явь. Я проснулась. Я покинула Колыбель Бога и утратила блаженство и всемогущество. Я была изгнана из Страны Чудес, я была разлучена с матерью, я утратила бессмертие и обрела речь.

Я обнаружила себя у самого моря, на берегу, на Васильевском острове. Меня катали на колясочке. Впрочем, помню я и кое-что до этого, помню, как младенцем писала на оранжевую клеенку. Делала я это злонамеренно:

только что мне сменили пеленки, и мне хотелось из вредности как можно скорее намочить новые. Вредность была моей основной движущей силой: как-то там, на Морской набережной, меня оставили в кроватке и ушли разговаривать на кухню. Я возмущенно кричала, но никто не обращал внимания. Тогда я перевесилась через прутья, выпала из кроватки и сама пришла на кухню. Была немая сцена. Я торжествовала. Позднее из вредности я научилась читать, когда мне было три года. Я укусила мать, и в наказание решили, что со мной никто не будет играть несколько дней. Тогда я взяла книгу и сама научилась читать, чтобы ни от кого не зависеть, и прекрасно провела эти несколько дней за чтением.

Я помню залив, пустыри, новостройки — обширные пространства, продуваемые ветром. Ветер дул все время, и я простужалась, — это было одной из причин, по которой моя семья решила переехать. Второй причиной была проходная комната. Мы жили в большой двухэтажной квартире. На первом этаже была кухня, туалет, ванная и огромная проходная комната. Из нее вела лестница на второй этаж, где были две спальни и тоже туалет с ванной. Мы с мамой с тех пор, как я родилась, жили в проходной комнате, и это было не очень удобно — все через нее ходили и будили меня, да и маме хотелось приватности. Я не хотела переезжать, плакала, я любила ту квартиру, и меня обманом перевезли в наш новый дом на Ленинском проспекте. Мне было три с половиной года. Все лучшее, что со мной было, на тот момент уже закончилось, осталось там, в квартире на Васильевском острове.

Я помню свое блаженное пребывание среди вещей, когда я играла в большой комнате и рылась в детских книжках с картинками, снимая их с нижней полки стандартной советской стенки со встроенным сервантом и множеством ящиков. То, что я чувствовала тогда, было моим нормальным состоянием, нормальным состоянием маленького ребенка, — блаженством, которому причастны святые, тихим беспричинным блаженством, рассеянным в предметах, в домашней обстановке, в самом восприятии пространства, блаженством души, заключенной самой в себе. Я уже не жила в Эдеме в той полноте, как в младенчестве, я уже начинала ощущать тяготы изгнания, но оказалось, что и на Земле он хотя бы частично оставался со мной и продолжал жить во мне, что многое от него все-таки удалось сохранить. Мое блаженство таилось в маминых печатной и швейной машинках, в том, как пахла мамина одежда в шкафу, и, конечно, внутри откидной полки в ногах маминой кровати, там, где было секретное отделение и где в темных углах пребывали в вечном блаженстве части моей души. Наверху серванта стояла коробка с пуговицами и нитками, вожделенная коробка, и с этими пуговицами и нитками мне всегда хотелось играть. Я расскажу вам правду, которую очень мало кто может понять: ничего другого нет. Люди хотят делать одно, другое, но это все не нужно. Ни для чего другого, кроме этого блаженства, в Боге нет места: ни для любви и дружбы, ни для труда и молитвы. Все сложные, заковыристые пути, которыми люди хотят прийти к Богу, никуда не ведут. В Боге есть только коробка с пуговицами и нитками, и ничего кроме. Лучшее, что ты можешь делать, — это перебирать пуговицы, вдевать нитки блаженства в пуговицы блаженства снова и снова. Вот и все. Больше нет никакого секрета, и лучше ничего не может быть. Впрочем, едва ли вы это поймете.

Помню я также, как тогда, во время жизни на Васильевском острове, мне сделали прививку. Бабушка повела меня в поликлинику и обещала, что там мне дадут конфетку. В кабинете я протянула руку медсестре и попросила конфетку. «Конфетку? Ха-ха!» — сказала медсестра и вколола мне в руку толстую иглу, было очень больно и нестерпимо обидно. Бабушка не хотела меня обманывать, она просто ошиблась, но я долго не могла утешиться.

На Ленинском было совсем другое пространство, но новостройки, пустыри, ветер и залив были там тоже. Все мое детство мы гуляли во дворах с бабушкой. Дворы за нашим домом и до моей школы — это одни дворы, в них жила Юлька, в них мы играли на территории детского дома и иногда случайно попадали чем-то по стеклам, а няньки с метлами орали «фашистки» и тащили нас в детскую комнату милиции; дворы за домом бабы Бебы — другие дворы, там большая горка, стадион, пруд, через них идти к сусловскому универсаму; третьи дворы — за универмагом, там были дикие груши; четвертые дворы — за бывшей булочной, там круглый пруд и огромный макет корабля, желтые старые дома с колоннами, — сейчас эти дома отреставрировали и сделали элитный квартал с подсветкой, мостовыми и беседками вокруг пруда.

Но настоящая моя жизнь протекала гораздо в большей степени на даче, чем в городе. Дача была Эдемом и памятью о нем в нашем мире, внутреннее и внешнее смешивались в ней: она была настолько же внутри, насколько и снаружи. Она была образом моей души, превращенной в природу. Пространство моей дачи — это мое внутреннее сокровенное пространство, там растет лес моего бессознательного, в котором я нахожу озера, глубину которых вы никогда не сможете измерить, недаром во сне я почти всегда нахожусь именно на даче.

На месте нашего дома прежде был лес и вереск. В 60-х годах в лесу за старой финской границей стали появляться дачи. Наш дом был одним из первых. В поселке есть всего четыре дома на четыре семьи: с четырьмя верандами, кухней и комнатой в каждой четвертинке, — как сросшаяся спинами четверка сиамских близнецов. Это были дома для самых бедных: большинство домов в поселке на две семьи или на одну. Помимо причин экономических, была еще одна причина для строительства такого дома: мы хотели жить все вместе. Я говорю «мы», но в действительности меня тогда не было и в зародыше, а моей будущей матери было десять лет. Они хотели жить все вместе, друг рядом с другом, одной компанией друзей: моя прабабушка баба Беба с мужем и младшей дочерью в одной четвертинке, мои бабушка с дедушкой с дочерью и сыном — в другой, друзья прабабушки Кутузовы — муж и жена — в третьей, и друзья прабабушки Богдановы — муж и жена, их дочь, ее муж и вскоре родившийся сын — в четвертой. У каждой семьи было по шесть соток земли, но поскольку все жили одной компанией друзей, никаких внутренних заборов не стали ставить, и дом окружил большой участок в двадцать четыре сотки.

Перед тем как брать эту землю, мои тогда еще молодые бабушка с дедушкой приехали посмотреть на место, посидели под тройной березой, — теперь огромной, а тогда еще совсем небольшой, — выпили вина и решили: берем! Участок взяли в 65-м году, тогда же построили наш сарай и сарай Кутузовых, в 66-м году был построен дом, и у бабушки с дедушкой родился сын Алеша, в 67-м году были построены печки. Вырубили вереск, и среди сосен, елей и берез стали устраивать огород, копать грядки, сажать яблони. Часть участка находится на небольшой горе, там сделали беседку, обвитую плющом, с двумя сторожевыми соснами у входа. Рядом с нашей калиткой выкопали колодец. Под тройной березой поставили скамью, и вторую — с другой стороны поросшей клевером поляны перед домом. Дедушка выращивал землянику — собирал по четыре ведра, и один раз преподнес на день рождения своему тестю Николаю Васильевичу ведро земляники. Было много цветов: флоксы, георгины, пионы, тюльпаны. В моем детстве дедушка привозил срезанные тюльпаны в городскую квартиру, и они благоуханно плавали в ванной. У меня была своя грядка нарциссов, которую я поливала из детской лейки. Дедушка прививал яблони и сирень, которую он очень любил, и я тоже ее особенно люблю. Черенки он получал по переписке из других городов, или надо было ранней весной, когда еще снег, срезать черенки, пока еще не распустились почки, и хранить их в снегу или в холодильнике. Теперь наша сирень погибает, и огород пришел в запустение. В моем детстве летом у нас всегда было множество ягод: помимо разных сортов земляники, было изобилие малины, красной и кое-где желтой, черная и красная смородина, крыжовник. К столу всегда были лук, укроп и салат, на огороде росли картофель, кабачки и огурцы в маленькой теплице.

Когда я была совсем маленькая, вдоль лужайки рядком стояли пни от срубленных лесных деревьев, и я по ним прыгала. Но деревьев все равно осталось очень много: сосны, березы, ели, осины, дубки и один торжественный клен у калитки. А рядом с сараем, в конце участка, где кучи компоста, растет привезенная дедушкой с Валаама пихта. Около второй скамейки на краю лужайки раньше рос маленький можжевельник, но не смог выжить. Под яблоней по дороге к туалету, проходящей мимо огромного куста жасмина, облепихи, черной смородины и синих ирисов, находились мои качели. А когда я просыпалась, по мне косыми зайчиками гуляло солнце, искрящее в ажурных, бело-золотых цветах спиреи под окнами. Звенел умывальник под жасмином. У веранды стояли три бочки: большая, поменьше и самая маленькая. Я представляла, что большая бочка — это дедушка, поменьше — бабушка, а самая маленькая — я.

В сарае находится одна из прекраснейших вещей, принадлежащих моей семье: старинный туалет — огромное зеркало с резьбой, столиком и ящичками из черного дерева, вероятно, конца XIX века. В единственной комнате просторно и сумрачно, две кровати, темно-синие обои, печь-голландка, велосипеды, инструменты и множество подушек. Есть второй сарай — маленький, специально под дедушкины инструменты. В старом доме места очень мало. На веранде стоят обеденный стол и табуретки, вдоль стекол висят дощатые жалюзи, на веревках под потолком какие-то пучки сушеной травы. Старая, уже антикварная, радиола ловит только радио «Маяк». Под столом раньше ютился сундук со всякой моей ерундой: рисунками и рваными отсыревшими книжками. Диван завален всяким хламом. На кухне — газовая плита, печь, посуда и раскладушка. В комнате — две кровати, где раньше спали мы с дедушкой, а иногда с мамой, когда она приезжала по выходным, стол, стул, розовые с золотым обои, занавески, испачканные кровью от убитых комаров, и черно-белая фотография черно-белой кошки на стене, про которую я рассказывала другим детям, что это я в прошлой жизни.

Отчима моей бабушки деду Колю я не помню вовсе. Но баба Беба была рядом со мной первые десять лет моей жизни. Когда взяли дачу, ей было пятьдесят пять лет. Сохранились цветные фотографии с маминой старой «мыльницы», как она стоит на участке, за год до смерти, восьмидесятичетырехлетняя, вся маленькая и худая, с жиденькими седыми волосами, подкрашенными золотистой хной, одетая во что-то коричнево-старушечье. Она была красавицей, и в самой глубокой старости сохранила удивительную, нежную кожу.

Баба Беба родилась в 1910 году в Варшаве. Про ее детство я знаю, что они почему-то вдвоем с сестрой Тамарой маленькими пробирались через какие-то военные заставы в Петроград и что она вроде бы училась в каком-то французском пансионе. Ее отец был врачом, а мать Анна пропала в Варшаве во время войны при каких-то таинственных обстоятельствах: то ли она умерла от менингита, то ли сошла с ума, ничего толком не известно.

Баба Беба была яркой, эксцентричной личностью. Коммунистка, атеистка, одна из зачинательниц «сексуальной революции»: вначале у нее были курсы повышения квалификации руководящих работников Ленгорисполкома, потом, когда их закрыли, она организовала фирму «Невские зори» — эта фирма одной из первых в советское время стала заниматься семейным консультированием. Она собрала к себе ведущих специалистов в этой области, у нее работали Свядощ, Цирюльников и другие. Она была светской дамой, и, благодаря тому, что ее второй муж Николай Васильевич был директором театров и домов культуры, а потом стал директором ДК Ленсовета, она знала всю артистическую публику, и мои дедушка с бабушкой ходили бесплатно на все спектакли и прсдставления.

Сам Николай Васильевич был родом из деревни и очень любил рыбалку. Начинал он рабочим на заводе, был членом партии, на войне дослужился до майора, уже после войны получил высшее образование. На семидесятилетие Николай Васильевич получил орден Ленина, очень хотел получить звание Героя Советского Союза и переживал, что не получил. Последние десять лет своей жизни он был нем: с ним случился удар в день свадьбы моей матери.

Первый муж бабы Бебы — дед Тимофей был родом из Тулы из рабочей семьи, окончил рабфак, выучился на экономиста. В семье деда Тимофея у всех были синие глаза. У него была сестра Матрена и тетка Нюра, они были знахарками. Баба Нюра была очень сильной знахаркой, к ней съезжались люди со всей страны. Она обучила Матрену, и та тоже кое-что умела. У Матрены были синие-синие глаза, в молодости она была разбойная и сидела в тюрьме, очень любила мужчин, а к старости стала богомольная, жила одна в Москве и сидела при церквях — просила милостыню. Дед Тимофей очень любил бабу Бебу, и, даже когда они расстались, продолжал ей писать письма из Москвы, где обосновался и снова женился.

Баба Беба рассказывала, как они познакомились с дедой Колей: они где-то шли, кажется, на юге, в какой-то компании, и баба Беба увидела розу, цветущую высоко, и чтобы ее достать, надо было с риском куда-то взобраться. И она сказала: «Кто сорвет для меня эту розу — за того я выйду замуж». Деда Коля сорвал эту розу, и баба Беба вышла за него замуж. Есть фотография, где они вместе, и она смотрит на него глазами страстно любящей женщины.

Во время блокады баба Беба с детьми были эвакуированы в Уфу, там они жили — чуть ли не тридцать человек в одной комнате, но моя тогда еще маленькая бабушка была там счастлива ни от чего не зависящим детским счастьем, и там у нее была самая лучшая в жизни подружка, следы которой после безвозвратно потерялись. Чтобы выручить какие-то деньги, баба Беба варила самогон и продавала его, а потом, когда ждала возвращения Николая Васильевича с войны, все время выходила встречать его на дорогу в платке. На войне у Николая Васильевича появилась какая-то другая семья, и та другая женщина, с которой он там жил, потом писала ему письма, их получала баба Беба и уничтожала, ничего не говоря деде Коле, со словами: «Пожил, и хватит».

В моем раннем детстве меня, бывало, отводили в гости к бабе Бебе с Бедей, там они меня угощали чаем с полярным тортом и печеньем курабье, и я рассматривала либо детские книжки, либо старые альбомы с фотографиями. За пару лет до бабы Бебиной смерти я была у них в гостях, и перед моим уходом баба Беба меня вдруг спросила: «Как поживает твоя бонна?» Я знала, что бонна — это что-то вроде няни, но у меня никогда не было никакой няни. Я ей сказала, что она что-то путает, у меня нет няни, а она мне не поверила, решила, что я по-детски придуриваюсь, и я так и не смогла ее убедить в том, что у меня нет няни. Потом я вспомнила про этот эпизод ночью, сидя на детском ночном горшочке, и испытала леденящий ужас. Прежде мне казалось, что никто никогда не умрет, что все всегда будет по-прежнему, а баба Беба вдруг стала впадать в старческий маразм. Потом я уже потеряла чувствительность к этому, привыкнув к мысли, что баба Беба в маразме, и даже могла бездушно смеяться над какими-то ее нелепыми высказываниями и странностями. Самым страшным были те первые сбои, происходящие во взрослом, уважаемом и любимом мной человеке: по сравнению с ужасом, испытанным мной тогда, сама ее смерть прошла для меня незаметно.

В тот день мы пришли, она стала умирать, я вначале сидела в другой комнате, а в самый момент смерти вошла. До этого она была без сознания, но в последний момент пришла в себя и сказала: «Спасите меня».

В 65-м году, когда бабушка с дедушкой сидели под тройной березой и пили вино, им было меньше тридцати пяти лет. Всю свою жизнь, с момента встречи, они прошли рука об руку. Они вырастили дочь и сына, вырастили и меня. Когда я родилась, бабушка тут же вышла на пенсию и занялась мной. Меня начали возить на дачу с первого же лета моей жизни.

Вот одно из первых моих детских воспоминаний, связанных с дачей: мы с бабушкой и дедушкой идем к дому, это уже не первое мое лето на даче, но у меня еще нет связанной во времени последовательности событий, моя память еще не обладает непрерывностью, и то, что я помню, я помню отдельными выхваченными вспышками.

Итак, мы приехали из города. Не знаю, сколько мне, — может быть, года три. Бабушка с дедушкой просят меня показать, как идти к нашему дому, чтобы проверить мою память. Я обнаруживаю, что помню эту дорогу и дачу, и одновременно с этим обнаружением что-то изменилось. Теперь дача как будто другая, происходит какой-то едва ощутимый сдвиг. До этого дача была, но была нерефлексивно и беспамятно.

Другое раннее воспоминание, связанное с дачей и памятью, относится примерно к тому же времени. Возможно, это было тогда же, в тот же самый день. Мы зашли на участок, и бабушка сказала, что хочет пойти на Хоздвор. Я и до этого знала, что такое Хоздвор, и бывала там, но, когда она об этом сказала, я испытала тот самый странный щелчок, как с воспоминанием дороги до дачи: я впервые его вспомнила и как будто открыла для себя, и что-то едва уловимо изменилось. Произошел некий раскол, размыкание, и Хоздвор появился в этом размыкании. Это странное, едва уловимое ощущение первого обнаружения и размыкания я помню до сих пор.

Дедушка до восемнадцати лет жил в Петропавловске, в северном Казахстане. Предки его — крестьяне и железнодорожники из-под Вятки и Перми. Где-то под Вяткой есть деревня Глотово, у всех жителей которой фамилия Даровских, как у моего дедушки. Когда началась война, дедушка с его мамой и сестрой гуляли в парке. По радио громко объявили, что Германия начала военные действия. Дедушку на фронт не забрали, потому что он был еще подростком, во время войны ему было 12–15 лет. Забрали его двоюродного брата Володю, который прошел сапером всю войну, и за несколько дней до победы в мае 1945-го погиб — не от мины, не от немецкой пули, — он был застрелен во время обхода постов своим же часовым по какой-то нелепой ошибке.

Во время войны все хозяйство было на дедушке: его мать работала допоздна бухгалтером на железной дороге, мужчин, кроме дедушки, не было. Его отец во время войны умер в Алма-Ате молодым от остановки сердца, отправленный туда по какому-то военному заданию, и где могила его, неизвестно, а дед Алексей, когда-то бывший помощником машиниста на том поезде, который вез на расстрел царскую семью, умер, когда дедушка был еще маленьким. Дедушкина мама, баба Клава, прекрасно пела: она участвовала в самодеятельности и пела в клубе, и я помню ее песни, которые она пела мне, когда приезжала к нам погостить из Петропавловска. Осталась кассета этих песен — частично русских народных, частично из репертуара Анны Герман. Дедушка в военные годы тяжело переболел тифом. Приходил врач и говорил: «Он у вас обязательно помрет». А дедушка слышал и думал: «Врешь. Не помру». И не помер. Дедушка читал книги, которых у них был полный чердак, запирал в погребе младшую сестру, шатался на улице с мальчишками, но окончил школу с медалью и поехал учиться в Ленинградский политех на физика-ядерщика.

Приехал в Ленинград в шинели и с деревянным чемоданом. Занимался академической греблей, и они с командой, кажется, заняли третье место по Союзу. Встретил бабушку на вечеринке у друзей, куда они случайно оказались оба приглашены. Увидел ее — редкую красавицу, миниатюрную, тонкую, как тростинка, с темными косами вокруг головы — и пропал. Через год они поженились. Дедушка работал научным сотрудником в области атомной физики в НИИ, был ликвидатором аварии на Чернобыльской АЭС, бабушка — химик-технолог — всю жизнь преподавала в Технологическом институте и занималась разработками каучуков, за что получила звание заслуженного изобретателя Советского Союза.

В юности у бабушки было очень много поклонников, некоторые из них пронесли любовь к ней через всю жизнь, но бабушка выбрала дедушку, потому что, как она говорила, ей «было с ним легко». На работе ее уважали, а может, и побаивались. Бабушка была абсолютно честна всегда и со всеми. Она была доцентом и должна была бы вступить в партию, но отказалась. С людьми общаться она, скорее, не любила. В Бога не верила и говорила, что, скорее всего, это все сказочки, чтобы умирать было не страшно. Со студентами она была строга, а заведующего кафедрой однажды отправила в больницу. Он забирал у нее аспирантов, возник конфликт, и бабушкина тетка Матрена, та самая, что была знахаркой, дала ей какую-то траву и сказала посыпать у завкафедрой в кабинете. Бабушка посыпала, и его тут же увезли на скорой.

Вся жизнь для бабушки была в семье и в детях. Характер у нее был тяжелый. Дома всегда стоял крик, ругань, бабушка жаловалась: «Зла на вас не хватает». Меня очень удивляла эта присказка, потому что мне-то как раз казалось, что хватает, еще как. Мама была мягкая, никогда не повышала голос, а бабушка все время кричала. Она была несгибаема, прямолинейна, нетерпима. Ей отдали меня на воспитание, и это было кошмаром. Она любила нас, как умела, и старалась сделать для нас все, что могла. Она без устали готовила и кормила, контролировала своих взрослых детей и меня во всех мелочах. С тех пор, как она вышла на пенсию, у нее не было никаких других интересов, кроме семьи. Всю жизнь ее мучили ужасные мигрени. Она постоянно кричала во сне от того, что ей снилось, что она теряет ребенка, меня, где-то на улице или в магазине. Она испытывала ужасную тревогу за близких, не выносила, когда вечером кого-то нет дома, требовала, чтобы ей бесконечно звонили с улицы, прислушивалась к лифтам — не застряли ли они, вставала на табуретку и отслеживала из окна, как ее взрослый сын или моя мама выходят из дома и садятся в транспорт. У обоих ее детей не сложилась личная жизнь, и мама винила в этом ее, а сама бабушка постоянно говорила мне, что у мамы не сложилась личная жизнь из-за ее бесхозяйственности, и меня, такую неряху, тоже никто замуж не возьмет. Всех она держала под своим крылом, под стеклянным колпаком. Вся жизнь нашей семьи была подчинена эмоциональному состоянию бабушки. Я очень любила бабушку, но помню, как впервые в связи с ней почувствовала мучительное расщепление эмоции. Вначале она кричала на меня, и я злилась, а потом она сказала или сделала что-то невинно-трогательное, взяла какой-то мой совочек с нами на прогулку, я точно не помню, но в этот момент мне стало ее жалко, я все еще чувствовала злость, но одновременно почувствовала любовь и жалость, и как будто я смотрю на бабушку свысока и понимаю больше, чем она. Десятки лет спустя, когда мы увидели ее в морге, нам с мамой бросился в глаза ее гордый лоб, гордое величие и строгая красота ее лица. Помню, как я плакала, когда бабушка во время ссоры с мамой кричала, что я больше ее ребенок, чем мамин, — что всем, что она для меня делает, она давно уже получила права на этого ребенка. До какого-то возраста я хотела быть именно маминым ребенком и злилась, что, как мне казалось, бабушка обижает маму. Из-за отношений с бабушкой я многие годы испытывала сильный негатив, в голове моей рождались гнусные мысли, за которые мне было очень стыдно, я и сама себе казалась гадкой. Как-то я написала на бумажке какие-то гнусные, гадкие слова про бабушку и положила бумажку на стол. Мне хотелось, чтобы она ее нашла. Но потом меня охватил стыд, и я уничтожила эту бумажку.

Как-то я намазала губы блеском, и бабушка сказала: «Как же ты, должно быть, всем отвратительна!» Подобными высказываниями бабушка вызывала во мне мучительный, невыносимый стыд; мне казалось, что бабушка что-то знает обо мне, чего я не знаю, что-то видит, чего я не вижу, — и это что-то — то, что внутри я на самом деле отвратительная, гадкая, что мне должно быть стыдно за саму себя, за свою суть. Какая-то часть скандалов между мной и бабушкой была связана с так называемой темой моего «созревания как женщины». Мама изо всех сил пыталась ускорить это мое созревание, красила мне лицо, рассказывала о своих мужчинах, о половых отношениях, а бабушка, напротив, все такое на дух не переносила. Мне приходилось выслушивать про «проституток», про «в подоле принесешь» по самым разным поводам. Например, однажды в день моего рождения мама решила завить мне волосы и накрутила их на бигуди. Это делалось с опаской и втайне от бабушки, но бабушка все равно это обнаружила, содрала бигуди, страшно орала на нас с мамой.

С мамой были, скорее, сиблинговые отношения. И она, и мой дядя были как бы взрослыми, но до конца не выросшими детьми бабушки с дедушкой. В самом раннем детстве я хотела быть, как мама, во всем, я спрашивала, верит ли она в Бога, — она отвечала, что нет, и я тоже не верила, потом отвечала, что да, и я тоже верила. Я спрашивала, за коммунистов она или за демократов, она отвечала, что за демократов, и я тоже была за демократов. Мама была со мной нежной, ласковой, ничего не запрещала. В отличие от бабушки она была теплой, ласкала меня, по утрам брала к себе в кровать. Мама была киса, и я была маленькая киса, мы жили в одной комнате, и, проснувшись, я говорила ей «мяу» — давала понять, что тоже проснулась. По вечерам, чтобы я уснула, она говорила мне: «Шшш». Быть рядом с мамой было блаженством, маму хотелось защищать, чтобы на нее никогда не кричали. Мама научила меня смотреть на все с разных точек зрения одновременно, понимать других людей, вставать на их место. Она развивала меня, ставила передо мной задачи, которые заставляли меня задуматься. Очень рано я стала переживать, что, кажется, мама несчастлива. У нее были расставания с какими-то мужчинами, и она лежала целыми днями, и еще она боялась страшных болезней, боялась рака и вообще смерти. Иногда я видела, что маме плохо, и очень жалела ее и чувствовала за нее ответственность, чувствовала, что должна быть взрослой и разделить с мамой ее переживания. Мама мне все рассказывала, как большой: и про свою личную жизнь, и вообще про отношения людей. И я все понимала, как большая. Мама всегда хотела быть мне мамой-подругой, не авторитарной матерью, какая была у нее самой, а мамой, с которой можно делиться всем на свете, которая выслушает и поймет, с которой можно обсуждать мужчин и косметику. Они были с бабушкой как два разных полюса, а уравновешивающей, стабилизирующей силой был дедушка.

Дедушка, мой самый любимый мужчина в жизни — до рождения сына! В нашей семье он был миротворцем, защитником, рациональным началом. Я называла его «деда», когда была маленькая. Он был одним из тех редких людей, которые живут в гармонии с Космосом и знают в нем свое место. Он никогда не рвался к власти, к высокому социальному положению, и отказался, когда ему на работе предложили стать начальником. Кроме того, дедушка обладал замечательным чувством юмора, не исключая и черный. Подшучивал над своими друзьями, а саму дружбу с ними, даже школьную или студенческую, нес через всю жизнь, до самой смерти. Меня он называл «внука». Дедушку можно было спрашивать обо всем, про звезды и планеты, про растения, про то, как что устроено на свете. Он очень хорошо разбирался в медицине и порой сожалел, что не стал врачом. Он назначал лечение и ставил диагнозы по телефону всем своим знакомым и никогда не ошибался. Весной он показывал мне, как распускаются листья. По вечерам он показывал мне спутники в черном небе. Иногда он перебирал с черным юмором: как-то лег и притворился мертвым, я его теребила-теребила, а он не откликался и прекратил игру, только когда я заплакала. Дедушка был лысым и всегда шутил, что это оттого, что он очень умный — все волосы повылезли.

Была еще Бедя, бабушкина сестра. Про нее говорили, что она несчастный человек. Она была толстая, со снежно-белыми волосами горшком и щетиной на подбородке, и еще она тряслась. Мне объяснили, что это от таблеток. Всю жизнь она принимала галоперидол и литий. У нее была шизофрения, похожая на биполярное расстройство: у нее тоже были маниакал и депрессии, но кроме того были голоса в голове. Началось все в девятнадцать лет, ее повалил на землю и облапал какой-то парень в парке Лесотехнической академии, где она училась. Она долго страдала, думала об этом и никому не могла рассказать. Потом она заболела. Поехала с другими студентами «на картошку» и там разделась догола, бегала в невменяемом состоянии, что-то кричала непристойное. Ее начали лечить и сделали глубоким инвалидом. Она осталась старой девой и всю жизнь боялась мужчин и при этом сходила с ума на почве секса, считала, что все ее домогаются, а если ей начинал нравиться какой-то мужчина — у нее тут же появлялись голоса в голове, и все ее влюбленности глушились галоперидолом. Мне рассказали ее историю, и она ошеломила меня. Я верила тогда в благое устройство мира, и судьба Беди в это благое устройство никак не укладывалась. Мне трудно было понять, что человек может быть настолько несчастен и что это никак не исправить.

Был еще дядя Алеша, мамин брат. Мы с ним не были близки и почти не общались. Он не интересовался мной, когда я была ребенком, и жил какой-то своей параллельной жизнью. Мне всегда говорили его не беспокоить.

Отец появился в моей жизни, когда мне было десять лет. Мне говорили, что у них с мамой не сложилось, что он был ее сильно моложе, когда я родилась, был еще студентом. Они познакомились зимой на базе отдыха в Карелии, хотели пожениться, даже подали заявку в ЗАГС, но расстались еще до того, как я родилась, — по причине нехозяйственности моей мамы и несложившихся отношений с ее будущей свекровью. После моего рождения отец несколько раз приходил, принес мне большую обезьяну, которую я назвала Кампа-Зямпа, когда мне был годик, а потом они с мамой решили, что для всех будет лучше, если общения не будет. Когда мне должно было исполниться десять лет, я пригласила его письмом к себе на день рождения. Они пришли с его мамой, моей второй бабушкой. С тех пор мы стали общаться, но не часто.

Все детство я мечтала о белом коте. Бабушка категорически запрещала заводить каких-либо животных. Летом на даче я заводила себе гусениц, чтобы о них заботиться, в городе сажала в банку пауков из туалета и играла, что это мои домашние животные. В девять лет мне разрешили завести кактусы, и я была счастлива, что теперь мне есть за кем ухаживать. Но главной мечтой был кот. Мы с мамой вместе мечтали о белом пушистом коте, укладывая меня спать, мама говорила мне: «Пусть тебе приснится белая киса», и, когда мне должно было исполниться одиннадцать лет, кот все-таки появился. Каким-то образом мама уломала бабушку с дедушкой и взяла белого персидского котенка. Его так и назвали — Персик, но по имени его никто никогда не называл, называли «кот», «киса», я называла его разными странными ласкательными именами, например «кисца гурейшая», «кисогрыз», «кисыч» — в общем, по-разному. Кот был всем хорош и пригож, но отличался удивительно вредным характером. Он был ласков и урчал, как стиральная машина, но в знак протеста он писал на самое святое. Вначале он написал на кровать, потом решил, что это недостаточно радикально, и написал на мамин компьютер, но и этого было мало, и он поступил оригинальнее: написал в собственную кормушку. На том бы ему и остановиться, но кот хотел подвергнуть поруганию все — бога, душу, мать — и написал на меня, свою любимую хозяйку.

У меня самой тоже была и осталась кошачья идентичность. У нее два аспекта: домашний и дикий, кошка и рысь. Когда мама стригла мне ногти, а я сопротивлялась, она говорила мне, что ночью придет рысь и обгрызет мне ногти. После этого однажды мне приснилась большая кошка-рысь. Она обитала прямо на Ленинском проспекте и не давала никому пройти. Должно быть, она хотела обгрызть мне ногти. Я очень испугалась и проснулась в слезах. Той ночью я прошла инициацию — столкнулась с диким аспектом своей сущности, со своим тотемным животным в пространстве сна, и с тех пор в своих снах я иногда встречаю эту огромную кошку-рысь. Я больше не боюсь ее и считаю эти встречи благоприятным знаком.

Когда мама рассказала мне про идею реинкарнации (а это было рано), я стала говорить подружкам, что в прошлой жизни я была кошкой. Вообще я много интересного рассказывала этим самым подружкам. Как-то мама поделилась со мной где-то вычитанной эзотерической идеей, что все на самом деле живое, даже вещи. После этого я рассказывала подружкам, что наши куклы на самом деле живые и с ними надо соответствующим образом обращаться. Потом родители этих подружек говорили моей бабушке: «Все бы хорошо, ну, предположим, куклы живые, но хоть бы есть они не просили… А то не прокормишь. Наши дети теперь требуют для них еды три раза в день и кормят их». Еще я рассказывала байки про болотную собаку, которая воет по вечерам на болоте за шоссе, и, например, Надька тогда этой собаки боялась.

Мои дачные подружки — Аня, Надя, Наташа — неотъемлемая часть моего детского Эдема, с ними проходило каждое мое лето в карточных играх, катании на велосипедах и всевозможных детских забавах. Мы ловили гусениц и кормили их лепестками шиповника, сажали в банки кучу бабочек, а потом выпускали всех разом, пили горькое молочко одуванчиков, делали куколок из травы, тихо играли по вечерам на веранде, строили дома из Лего, собирали крокодильчиков и бегемотиков из киндер-сюрпризов. Наше общение в основном проходило на светлых летних аллеях, среди кустов цветущего шиповника, жужжания шмелей. С Надей мы познакомились, когда вместе на аллее рыли яму, — это был захватывающий, медленный процесс. Еще мы жарили воду на сковороде и пытались докопаться до воды в земле, играли в лото и в кукол Барби, играли в ролевые игры — разыгрывали сцены из шедших в то время по телевизору сериалов. Мы играли в индейцев с мальчишками и строили шалаш, играли в настольные игры, типа модельера, сами делали кукол из бумаги и разные наряды для них, находили гнезда птенцов в песчаной яме и котят в куче шифера. Карточных игр мы знали миллион, а кроме того гадали на картах на любовь. Утро начиналось с того, что либо ко мне приходил кто-то из подружек, либо я сразу после завтрака бежала к кому-то из них. Нам никогда не было скучно, и это была чудесная дружба — вместе играть на светлых аллеях в Раю. Жаль, что мы все потом потеряли друг друга.

Я хорошо помню одну из гусениц, что у меня жили. Это была самая первая и самая любимая. Она была пушистая, длинная и пестрая. Я назвала ее Пеструша. Она ела лепестки шиповника и какала маленькими шариками, которые я убирала. Жила она в стеклянной банке, но я часто выпускала ее погулять-поползать — по скамейке на участке или по моей собственной руке. Однажды я, видимо, слишком долго ее не выпускала или что-то еще случилось, я тогда так и не поняла, но я нашла ее в банке мертвой и как будто раздавленной. Мне стало очень грустно, стыдно и страшно, я никому ничего не сказала и похоронила ее в земле под жасмином. Однажды я встретила гусеницу, довольно на нее похожую, но тигровой окраски. Я привезла ее на своей руке с берега большого озера в Отрадном, где была дача у моей крестной с ее дочкой. Мы ехали туда в кузове грузовика по пыльной сельской дороге. Там, на берегу озера, был какой-то дикий влажный лес, и мы с дочерью моей крестной, Викой, играли, что это джунгли.

Баба Беба брала меня с собой за цветами к старухе из дома в конце улицы. Старуха срезала цветы для нее, а потом и для меня. В окнах по утрам было летнее солнце, жасмин, спирея. Мама на клеверной лужайке показывала фотографии Франции, куда она съездила. Мы гуляли по сельским дорожкам: мы с мамой, тетя Лена и Наташа. Мы гуляли в грозу в дождевых накидках под переливающимся небом. В лесу мы искали лягушек, дороги и деревья пахли ливнем. Бабушка брала меня с собой к сельскому бухгалтеру, надо было за что-то платить. У бухгалтера был самый эдемский сад из всех, которые можно себе представить. Там было столько цветов! Пока бабушка стояла в очереди, я рассматривала их, разговаривала с ними, я была маленькая, как они, и там, в цветах, что-то мерцало, сияло, росинки, паутинки, солнце, маленькие радуги…

Там, на даче, в четыре года у меня что-то повернулось в голове. Мама укладывала меня спать, я смотрела на занавески и потолок и увидела странные образы. Танцевала зеленая балеринка на одной ноге, а за ней шли какие-то животные или существа. Балеринка была не то что омерзительна, — невыносима, она словно разрывала ткани души. Потом мне мерещилось, что горит наш сарай. Я это видела не визуально, а как бы ментально — это были мысли, от которых я не могла отделаться, которыми я давилась. Мне дали валерьянки, я заснула, потом проснулась и очень испугалась, что моя мама умерла. Она спала в кровати рядом, и я стала ее будить и спрашивать каждую секунду, жива ли она. Так я не давала ей спать, понимала, что она жива, но ничего не могла с собой поделать и все равно спрашивала. Стала ходить за ней хвостиком, не отпускала в туалет. Это продолжалось какое-то время, мне давали лекарства, лечили у психиатра и невропатолога. Невропатолог была грозной рыжеволосой женщиной и пугала меня больницей, я очень ее боялась. Психиатр, напротив, была похожа на хитрую ласковую лисичку, она прикидывалась добренькой, но я не верила ее доброте. Помню, что она пыталась меня гипнотизировать. После того лета я стала бояться оставаться одна, без родителей. В городе меня водили в английскую группу, где детей дошкольного возраста обучали основам английского языка. Меня водили туда уже год до того лета, и все было нормально, но после того лета я больше не могла туда ходить. В английской группе нужно было проводить всего несколько часов, меньше, чем полдня, но, как только меня туда приводили, я начинала плакать, несмотря на все заверения моих близких, что они за мной вернутся. Я не верила, что они придут, боялась, что меня бросили. Я плакала каждый день все то время, что была в английской группе. Потом наша воспитательница не выдержала и попросила маму забрать меня оттуда. В дальнейшем эта проблема продолжалась. Так, когда бабушка захотела водить меня в школу эстетического воспитания, тоже для детей дошкольного возраста, ей приходилось присутствовать на занятиях вместе с детьми, хотя это было не положено, потому что стоило ей уйти, я начинала истошно рыдать. А потом это прошло, чтобы вернуться через много лет. Детские страхи, обсессии — никто не мог принять мою тревогу и переработать ее, вернуть мне в какой-то приемлемой, не страшной форме. У мамы было слишком много своей тревоги, она не могла вынести еще и мою. Я давилась своими мыслями, пыталась ими управлять и не могла. У меня уходила твердая почва из-под ног, я не чувствовала уверенности, защищенности, безопасности, возможности доверять миру и близким. Я боялась, что мама умрет, что близкие отведут меня куда-то и бросят, — у этого не было рационального объяснения, я просто не могла никому и ничему верить. Я погружалась во тьму, в липкую навязчивую тьму. А потом тьма отступила и вернулась, когда я уже выросла. Безумие — это зеленая балеринка на одной ноге, краем глаза я всегда вижу, как она танцует.

В первый год в английской группе, еще до того, как у меня появились эти психические проблемы, мне было очень даже неплохо. Я дружила там с сыном Виктора Цоя, Сашей Цоем. Мы играли, что он мой муж-летчик, летает, а я готовлю ему обед из детской мозаики. Потом, когда его папа погиб, а это было как раз в те годы, бабушка сказала про него: «Бедный мальчик». Но нравился мне другой мальчик, кажется, его звали Игорем, но я точно не уверена. Он был одет весь в белое и был весь такой чистенький и правильный. Он казался каким-то недостижимым, идеальным, и ко мне не проявлял ни малейшего интереса. Я скрывала свою любовь к нему. Я считала, что любить кого-то — это величайшая тайна и величайший позор. В школьные годы к этому прибавилось еще одно табу — прилюдно плакать. Как бы меня ни обижали сверстники или взрослые — я с какого-то момента никогда не плакала на людях, я не имела права выдать миру свои слезы, это было бы позором и слабостью и радостью для обидчика. Я никого не пускала в свой внутренний мир, даже маму, и уже тогда была одинока. Мой внутренний мир был отделен от внешнего непроницаемой стеной, туда никому не было доступа. Это был единственный способ его защитить. Что касается любви — когда я полюбила того мальчика, в этом не было для меня ничего нового. Я обнаружила, что знала это чувство всегда. У меня не было «первой любви» — когда бы я впервые влюбилась. Было узнавание: вот, это любовь, и я знала ее всегда. Этой любовью, которую я знала всегда, я всегда кого-то любила: не только реальных мальчиков из школы или с дачи, но и многочисленных героев книг, персонажей фильмов. Я любила Атоса из «Трех мушкетеров», любила кучу советских актеров, да кого только не любила! Но это все были малые любови, они приходили и уходили с каждой новой книгой и фильмом, а была одна, великая любовь, к мальчику-подростку, которая была со мной все детство.

Он был красивее всех, кого я видела в своей жизни, и говорили, что он был сиротой и жил один. Тем летним вечером мы стояли большой компанией на аллее у моего дома. Мне было восемь, и я была самой маленькой, остальные были старше года на четыре, и он тоже был там. Все как будто чего-то ждали, потом его подтолкнули: «Давай, давай же». Он нервничал и сорвал ветку малины, не зная, как начать, а потом сказал: «Аллочка, я люблю тебя». Это было первое в моей жизни признание в любви. Я оглядела собравшихся ребят, которые в наступившей тишине напряженно-выжидательно смотрели на меня, и сказала: «Неправда». «Правда», — сказал он. «Неправда», — сказала я. Я была уверена, что они надо мной подшутили или этому мальчику достался какой-то фант, или на спор. Тут бабушка позвала меня с участка чистить зубы, и я ушла. В ту ночь мне грезилось, что этот парень влезает ко мне в окно, и я убегаю с ним. На следующий день ко мне пришла одна девочка из их компании, которая уже несколько раз поступала нечестно, и я была уверена, что она пришла, чтобы продолжить эту злую шутку. Она стала меня расспрашивать, как я отношусь к тому, что он сказал, видимо, с тем, чтобы передать это ему и другим, а я хотела, чтобы никто из них никогда не догадался, что я люблю его, потому что боялась, что надо мной будут смеяться, и я специально сказала ей: «Он мне не нравится». «Почему?» — спросила она. И я, не зная, что придумать, выдала самое немыслимое и абсурдное из всего невозможного: «Он некрасивый». Когда я видела его, у меня всегда подкашивались ноги, я не могла идти и как будто почти падала в обморок. Мимо него я всегда проходила, держась за заборчик или за что-то, на что можно опереться. При такой силе чувств я все еще была ребенком и играла в игрушки. Помню, как он стоял на аллее со своей собачкой, и я возвращалась от Надьки с зажатой в кулаке игрушечной черепашкой. Я крепко-крепко зажала черепашку в руке, чтобы он не увидел, что я все еще играю в игрушки, проходя мимо, смерила его полным презрения и равнодушия взглядом, а сама все это время боролась с головокружением и держалась за забор, чтобы не упасть в обморок от любви.

Тогда же, в восемь лет, я испытала первый оргазм. Я лежала в кровати и читала графа Монте-Кристо, и невзначай потерла у себя между ног и вдруг обнаружила, что это приятно, я потерла еще и при этом продолжала читать, там как раз была сцена, как граф Монте-Кристо употребил гашиш и ему грезятся какие-то мраморные статуи, их ледяные прикосновения, это была по сути эротическая сцена. Но сексуальные фантазии были у меня и до этого, с раннего детства, они были дикие, постыдные и больше связанные с темами психологического насилия, объектом которого в моем воображении являлась я или кто-то, кем я себя представляла, чем с сексом как таковым, — я ведь и не знала тогда, что такое секс и как им занимаются. С самого начала эти фантазии имели «контрастную» природу — я фантазировала в них не о том, чего мне хочется, а о том, что является наиболее неприемлемым для меня как личности. О том, что в реальности было бы для меня абсолютно невозможно и воплощения чего я бы никогда не пожелала. Мне как-то сразу было понятно, что самое неприемлемое для меня как личности с моими высокими идеалами любви, свободы, благородства и справедливости — это и есть самое сексуальное. К любви и высоким чувствам это не имело вовсе никакого отношения, про любовь у меня были совсем другие фантазии, романтические и возвышенные, и я никогда не путала эти две сферы.

С подругами у нас тоже были какие-то «сексуальные» игры. С Надькой мы играли в маньяка и изнасилование: одна прислонялась к дереву, а другая играла, что ее насилует. С девочкой Ксюшей была такая игра: она привязала меня скакалкой к сосне и хлестала крапивой. Это увидела баба Беба, и вышел скандал. Девочка Люба попросила меня сделать ей «массаж», а за это она обещала мне подарить колечко. Я села на Любу голая, как она мне сказала, и трогала ее, где она говорила, но тут вошел мой дедушка, прогнал Любу, страшно ругался и сказал, что «это самое худшее, что может быть между двумя женщинами». В десять лет я прочитала «Тайный дневник Лоры Палмер» и она стала моей любимой героиней. Я ясно узнавала себя в ней: я была точно такая же, как Лора. И БОБа, злого духа, который мучил ее, я тоже знала — по-другому, но знала. Ее пример вдохновлял меня многие годы, я сверяла свое взросление с ее взрослением, а в школе я стала играть в то, что я нюхаю кокаин: отпрашивалась с уроков в туалет, доставала бумажку и делала вид, что вдыхаю кокаиновую дорожку.

Я читала постоянно, без какой-либо системы, все, что попадалось на глаза и чем-то привлекало внимание. Мешала детскую и взрослую литературу, волшебные сказки и «взрослые» романы. У бабушки с дедушкой была неплохая домашняя библиотека, также я ходила в районную. Помню, что в начальной школе прочитала всего Бальзака и Мопассана, — их собрания сочинений были у нас дома. Также в детстве я читала священные книги самых разных культур и традиций, мистические и философские произведения, — у меня был особенный интерес к этой проблематике. Среди моих самых сильных впечатлений в области чтения, пожалуй, была Библия в детском изложении с картинками, которую я знала практически наизусть, русский фольклор и сказки, «Легенды и сказания Древней Греции и Древнего Рима» и сказки немецких романтиков.

Залогом подлинности моего творческого импульса для меня являются воспоминания о моей самой любимой детской игре. Я брала книжки в руки (желательно с картинками, но можно и без них), садилась и водила пальцем по страницам, затирая их до дыр, при этом я бормотала про себя странные слова. Я сочиняла текст, используя для этого картинки или просто так, и представляла себе, что это придумываемое мной сейчас произведение написано на этих страницах. Чтение чужих текстов также вдохновляло меня на эту игру. Прочитав что-либо мне понравившееся, я брала в руки книгу и начинала сочинять текст в том же духе и стиле, как произведший на меня впечатление. Этим устным творчеством я занималась в детстве много лет, как только на меня находило состояние специфической потребности в таком сочинительстве, это было просто насущной необходимостью, и это было самым настоящим вдохновением.

Кроме того, у меня была целая полка, заполненная тетрадями с моими стихами и рукописным романом. Роман был написан корявыми печатными буквами, потому что я тогда еще не умела писать письменными буквами. Началось это с того, что, совсем маленькой, я спросила дедушку: «Деда, а каждый человек может сочинить стихотворение?» «Конечно, каждый», — ответил дедушка. «И я могу?» «И ты». В тот же вечер я сочинила стихи про Луну. А в «Записной книжке молодой матери», которую вела моя мама, указано, что я начала сочинять стихи в год и девять месяцев. Но слов в этих стихах еще не было. Как записала мама, мои первые стихи были сочетаниями звуков с хорошим ритмом.

Еще одна очень важная вещь происходила в детстве. Это было Самое Главное. Оно случалось само по себе, и я не знаю, с чем это сравнить. Пожалуй, с тем, что лежит в самой сердцевине поэзии, — неким моментальным касанием не от мира сего. Оно не длилось, оно просто касалось и исчезало, потому что удержать это было совершенно невозможно, разве что доли секунды. В этом касании было сразу все, и то, что это происходило, было важнее всего.

Мне было интересно жить: я верила в Бога, верила в магию, верила в чудеса и в смысл как своей жизни, так и мироздания в целом. Веру я утратила в тринадцать лет, а до этого мир был наполнен смыслом, он был огромен, непознаваем, могуч и прекрасен. Но при этом я чувствовала трагизм жизни, какой-то болезненный надлом, рану в самом сердце мира и понимала, что именно эта рана — самое живое, самое драгоценное, что каким-то образом она касается и меня. Мама в то время увлекалась всякой эзотерикой и приучила к ней и меня. Я перечитала тонны сомнительной эзотерической литературы, среди которой порой попадались и брильянты чего-то действительно стоящего.

Особенно я любила тогда «Диагностику кармы» Сергея Лазарева, я прочитала все его книги, и он убедил меня тогда, что главное — это любовь к Богу, и ничего нельзя ставить превыше нее.

Иногда перед сном я размышляла о смерти: неужели я тоже умру? Это вообще было невозможно себе представить. Я спрашивала бабушку с дедушкой: вы ведь нескоро умрете? — Может быть, нескоро, — отвечали мои шестидесятилетние бабушка с дедушкой, — может, еще лет двадцать проживем. — Ну хорошо, — соглашалась я. Двадцать лет — это было долго.

Однажды на детской площадке какая-то девочка спросила меня: Сколько тебе лет? — Мне три, — ответила я. — А мне уже четыре! — Плохо, — сказала я. — Почему? — удивилась девочка. — Я не скажу тебе, а то ты будешь плакать. — Нет, скажи! — требовала девочка, — скажи, скажи, скажи! Я не буду плакать! — Это плохо потому, что ты раньше умрешь, — сказала я.

Помню, как мама рассказала мне, что меня когда-то не было, — я тогда впервые столкнулась с идеей небытия, и она никак не хотела укладываться у меня в голове. «А где же я тогда была?» — спрашивала я маму и недоверчиво смеялась. «Нигде. Тебя не было вообще». «Как это вообще? Такого не может быть — я же есть. Так где же я была?»

Лет в пять перед сном я самостоятельно проделала нечто подобное картезианскому cogito ergo sum — задалась вопросом, в чем я могу быть уверена полностью, и подумала, что во всем я могу усомниться, кроме самого факта, что я сомневаюсь, а раз я сомневаюсь, значит, я есть, ведь кто-то же должен быть, чтобы сомневаться. Для пятилетнего ребенка это звучало вполне убедительно.

Я уже мыслила как философ, но еще не умела вытирать себе попу. Меня так сильно опекали и стремились все делать за меня, что этот навык пришел ко мне уже в школе, из-за чего в первом классе я однажды попала в неудобное положение. Захотела в туалет по-большому, отпросилась с урока и подумала: «А кто же мне вытрет попу?» Навстречу как раз шла наш завуч Вера Павловна, пожилая уважаемая женщина, и я подошла к ней и попросила: «Вера Павловна, вытрите мне, пожалуйста, попу». Ей ничего не оставалось, кроме как согласиться. Я вспоминала этот эпизод потом, когда я побеждала на каких-то олимпиадах и она поздравляла меня и жала мне руку.

Когда мне было десять и я познакомилась с отцом, меня познакомили и с моим дедом по отцу. Он был сыном еврейского журналиста, водившего знакомство с Есениным, и русской дворянки, потомком двух старинных дворянских родов Подобедовых и Колб-Селецких, также среди его отдаленных предков были украинцы, сербы, немцы, французы, поляки. Один из его предков внес заметный вклад в историю Петербурга. Как оказалось, первые трамваи в Петербурге запустил брат моей прапрабабки Михаил Михайлович Подобедов, сын моего прапрапрадеда Михаила Павловича Подобедова, действительного статского советника, дворянина. Михаил Михайлович Подобедов окончил в 1888 году Петербургский технологический институт, был основателем одной из первых в стране электротехнических компаний. По шестилетнему контракту с городской управой он спроектировал и построил зимой 1895/96 года линию трамвая по льду Невы (можно было только по льду, по городским улицам строить рельсы не позволяли права владельцев конно-железных дорог, ну и ему пришлось сделать такой финт ушами, чтобы хоть частично «обойти» их права). В первый сезон действовали три линии «ледовой трассы»: от Сенатской площади до Румянцевского сквера на Васильевском острове; от пристани между Зимним дворцом и Адмиралтейством до Мытнинской набережной на Петербургской стороне; от Суворовской площади до Большого Сампсониевского проспекта на Выборгской стороне у Медико-хирургической академии. Колея была однопутной, с разъездами. Энергоснабжение линий осуществляли две небольшие электростанции компании Подобедова. Вагоны трамвая получали питание через штанговые токоприемники с роликами от натянутого на деревянные столбы с оттяжками контактного провода. Вторым проводом служили рельсы. «Ледяной трамвай» работал вполне удовлетворительно, а в последующие годы движение через Неву было расширено. Результаты эксплуатации трамвая на Неве доказали экономическую целесообразность введения электрической тяги на рельсовом городском транспорте. И так как в 1898 году окончился срок контракта 1-го общества конно-железных дорог, город, получив в свое распоряжение Невскую, Садовую и Адмиралтейскую линии, решил перевести их на электрическую тягу. Но двадцать пять линий конки оставались еще у владельцев 2-го общества. Городские власти выкупили их в 1906 году. Переустройство линий началось весной 1906 года. Первая — Василеостровская — протяжением в две версты открылась для движения 16 (29) сентября 1907 года. По ней с определенными интервалами курсировали тринадцать моторных вагонов, закупленных у фирмы «Бреш».

Про деда по отцу говорили, что он нестандартный, интересный человек, был пять раз женат и очень любил женщин, интересовался искусством, поэзией, живописью, сам пробовал писать и рисовать. Был он также и любителем философии. Мы пошли с ним гулять, он показал мне на дома, деревья, машины и сказал: «Ты думаешь, что это все существует на самом деле? А это все существует только в твоем сознании». Я была потрясена.

Помню еще две вещи, которые сопровождали меня все детство. У меня часто возникало чувство всегда ускользающей, другой жизни — словно в бесконечной бесконечности мира я живу не в одном каком-то маленьком ее отрезке, на окраине Ленинграда, на одиннадцатом этаже высотного дома, хожу в школу и общаюсь с таким-то очень ограниченным количеством людей, хотя все это, конечно, было так, но кроме этого было очень много чего еще, что, в отличие от этого, не лежало, подобно перечню предметов на открытой для каждого поверхности стола, но существовало каким-то иным образом, и этим иным образом я умудрялась полностью существовать во всей бесконечной бесконечности, но почему-то это не получалось сделать таким же ясным, как простые и данные вещи: сегодня я получила тройку по математике, или на столе лежит яблоко, или дома сегодня опять была ругань. И вторая такая вещь — это была мечта или фантазия пожить немного в каждом доме и квартире на Земле — один день и одну ночь, ведь во всех них, должно быть, особый запах, и разная планировка, а там, где одинаковая, в типовых квартирах, разная обстановка, в них живут семьи, у каждой из них свой уклад, чем-то похожий на мою семью, а чем-то отличный, и мне было интересно, во что играют их дети, и как бы я себя чувствовала, если бы я была их ребенком, а какой-нибудь совсем незнакомый Иван Петрович моим дедом.

Помню также свои впечатления от музыки и пения. Бабушка хотела развить у меня музыкальный слух, просила повторять за ней чижик-пыжика и тому подобные мелодии, я повторяла неохотно и фальшиво, и вскоре всем стало понятно, что музыкального слуха у меня нет. Но я помню, что я чувствовала, когда слышала музыку. Я чувствовала восторг, потрясение, музыка была для меня чистой стихией, стирающей субъектность, она растворяла меня, когда я слышала музыку — я словно переставала быть собой, выходила за свои границы, я сталкивалась с чем-то огромным, безмерным, космическим, и это было настолько сильное и личное переживание, что его нельзя было показывать взрослым. Повторить песенку правильно и вообще петь — это было то же самое, что прилюдно признаться в любви или плакать на глазах у всех. Это тоже было тайной и позором, бабушка не должна была догадаться, какие чувства во мне вызывает музыка, я не должна была повторять эти песенки за ней, чтобы себя не выдать. На моем музыкальном образовании быстро поставили крест, но первой моей мечтой из серии «кем я буду, когда вырасту» — было стать певицей.

В те годы мир был очарователен, как стихотворение, написанное на частично знакомом языке: некоторые слова ты понимаешь, а непонятные части целого дорисовываешь воображением, и они остаются загадочными, как бы в полумраке, на который ты набрасываешь свои фантазии и интуиции. А потом, когда ты узнаешь этот язык лучше и начинаешь понимать все слова, стихотворение становится слишком прозрачным, исчезает его «темная», таинственная часть, и оно утрачивает свое очарование.

Иногда я просыпалась по ночам и видела маленькое чудо: мерцание в воздухе, как будто в нем загоралось множество маленьких светлячков. Это происходило в моей комнате, я не спала и видела это много раз своими собственными глазами. Иногда перед сном меня охватывали какие-то странные вибрации, как будто я начинала раскачиваться, и возникало чувство, что я отделяюсь от тела. Обычно в этот момент я сильно пугалась. Один раз я как будто полетела в какую-то черную бездну и чуть не растворилась в ней. Иногда я просыпалась и обнаруживала, что вижу комнату с закрытыми глазами, сквозь веки, и в ней происходят разные чудеса: так, однажды по комнате в районе занавесок летал крест из золотого света.

Были поступки, за которые мне стыдно. Самый стыдный поступок я вообще не помню, мне рассказали о нем потом, через много лет. Мы с мамой были в гостях у тети Раи, подруги бабы Бебы. Она умирала от рака, была одинока и хотела отписать свою квартиру моей маме, если мама будет за ней ухаживать. Мама вроде особо не рвалась, но иногда приезжала, и в тот раз взяла с собой меня. Тетя Рая была старая и некрасивая, она стала со мной сюсюкать, полезла ко мне, и я сказала ей: «Не трогай меня, ты старая и некрасивая». Больше меня туда не брали, а квартиру маме так и не отписали. Бабушка рассказала мне об этом, когда мне было лет десять, желая показать мне тем самым, насколько я отвратительное существо, если способна на такое. Я была потрясена и долго плакала. В другой раз я была с мамой на новогодней вечеринке в ЦММ — Центре менеджмента и маркетинга, где мама работала переводчиком. Там каждый год были шикарные новогодние вечеринки, было много вкусной еды и куча детей, с которыми было можно играть. В тот год маму попросили изобразить на новогоднем празднике Снегурочку. Я никогда не верила в Деда Мороза, мне с самого начала сказали, что его нет, но мама предупредила меня, что другие дети верят и что я не должна никому говорить, что Снегурочка — моя мама. Однако эта тайна оказалась слишком трудна для меня, чтобы ее не разболтать. Мы играли с какой-то девочкой, и я не выдержала и похвасталась, что Снегурочка — моя мама. Девочка горько плакала, ее кинулась утешать ее мама, говорила ей, что я все придумала, чтобы произвести на нее впечатление, но девочка, похоже, все поняла.

Среди почему-то самых счастливых моих воспоминаний — несостоявшийся поход в Луна-парк с мамой. Я очень этого ждала, Луна-парк приезжал каждый год и располагался в конце Новоизмайловского проспекта, я никогда там не была и очень хотела. И вот я уговорила маму меня туда отвести, и мы шли по проспекту, я предвкушала Луна-парк как чудо, но его там не оказалось, то ли он уже уехал, то ли не приехал. Но почему-то я все равно помню об этом как об очень счастливой прогулке. Пожалуй, если бы Луна-парк там все-таки был, она была бы слишком, чересчур счастливой, или наоборот — счастье бы немного померкло, когда желание оказалось бы исполнено. А когда мне было десять лет, мама первый раз взяла меня с собой путешествовать. Мы поехали в Сочи, я впервые побывала на море, если не считать наш холодный Финский залив. Мы жили в частном секторе в Лоо, в армянском поселке, вокруг были лесистые горы с прекрасной южной природой. Мы ходили по этим горам, купались, лежали на прекрасном галечном пляже, ездили в Сочи, Адлер, Дагомыс, лагерь «Спутник», катались по морю на кораблике, ели фрукты и наслаждались общением друг с другом. Я полюбила путешествовать с мамой — во время совместных поездок мы вместе открывали мир и радовались ему, и вообще полюбила путешествовать.

Про путешествия была одна из моих любимых игр, которая вызывала у меня ощущение уюта, безопасности и блаженства. Это была игра в желтую маленькую машинку и двух крохотных фарфоровых ежиков. И ежики, и машинка жили у меня под матрасом втайне от всех, я доставала их перед сном и играла в них под одеялом. Ежики путешествовали на машинке по всему миру, это была не просто машинка, а машинка-домик, в котором можно жить. Они приезжали на ней в разные места, а потом останавливались на ночевку, и это было очень хорошо и уютно, потому что получалось, что они путешествуют, не выходя из дома, и дом у них всегда с собой.

В два года я беседовала о политике с бабками около дома и очень их поражала своими суждениями. Из раннего детства я помню длинные очереди в магазинах и карточки, и то, что бабушка все время смотрела по телевизору какие-то съезды. Помню демонстрации с флагами, и мне объясняли, что демократы борются с коммунистами. Мама и бабушка были за демократов, а дедушка за коммунистов. Я помню августовский путч, ГКЧП. Мы с мамой были на даче и услышали то самое «Лебединое озеро», а потом я бегала босиком по аллее, забегала к соседям и воодушевленно кричала им, что произошел государственный переворот. У Горбачева меня больше всего удивляло пятно на лбу. Начинались девяностые, на лестничных площадках собиралась шпана, кто-то методично вывинчивал лампочки, расплодились маньяки и новые русские, дети стали играть в Денди и Сегу, упразднили школьную форму, когда я была во втором классе, всюду были джинсы, жвачки, сникерсы и марсы, по телевизору стали показывать бесконечную рекламу, особенно мой дедушка плевался от рекламы тампонов Тампакс, старые советские магнитофоны постепенно сменились на магнитолы. Размножились секты, распространилась наркомания, по рынкам ходили ребята в кожаных куртках — рэкетиры, у метро открылись барахолки, в подземных переходах ларьки, на лотках продавались музыкальные кассеты в огромном изобилии, и я уже начала ими интересоваться. Сосед-алкоголик с нашей лестничной клетки был ярым сторонником Ельцина и за это получил в нашей семье прозвище Ельцинист. Шло время, и он, как и многие, стал яростным ненавистником Ельцина, но прозвище прикрепилось, и он все равно оставался Ельцинистом. Мой отец, с которым мы тогда не общались, будущий ученый-физик с мировым именем и ректор вуза, торговал зонтиками на улице: денег не было, а его матери на заводе, где она работала инженером, выдали зарплату зонтиками, — ничего не оставалось, как попытаться их продать. Мой дядя оставил врачебную практику и стал торговым агентом. Мама вначале работала в ЦММ, а потом перешла оттуда тоже переводчиком в Балтийский банк.

В девяносто втором году я пошла в школу. Это была обычная школа во дворе, с углубленным изучением английского языка. Училась я без особого энтузиазма. Писала и считала все верно, но в тетрадях разводила страшную грязь. В конце начальной школы я была отличницей, но до конца средней школы это больше не повторялось. Иногда побеждала на олимпиадах. Учиться было очень легко, но центр моей жизни и моих интересов был совершенно вне школы. Из предметов мне была по-настоящему интересна только литература, мне нравилось писать сочинения. Вообще я была очень ленива и своевольна. У меня было какое-то подспудное убеждение в бессмысленности стараний, достижений, успехов и всего такого. Я чувствовала протест, когда меня пытались заставить что-то делать, вроде понимала, что делать надо, а все равно было ощущение, что этим «надо» и всеми этими «делами» меня как будто обманывают. Что хотят, чтобы я ради этого обмана, всей этой суеты отказалась от чего-то гораздо более важного. От созерцания бытия, загадочного и бессмысленного блаженства, которое превыше всех дел человеческих. Что надо в школе учиться, в вузе учиться, работать, строить свою жизнь — мне всегда это было противно. В школе с пятого класса прекратила делать домашние задания. Начисто. Насилия над собой никогда никакого не принимала. В школе у меня были две основные подружки — Юля и Ася. Они страшно ревновали меня друг к другу: с кем я села, к кому подошла, брали меня за руки и тянули в разные стороны. Многие одноклассники меня не любили. Я была словно какая-то не такая, как все, и плохо поддавалась социализации, пыталась это скрывать, но получалось плохо, плюс я была очень застенчива, и это со стороны иногда выглядело как высокомерие. Мне было очень тяжело с другими детьми и тяжело в дисциплинарном пространстве. Мне казалось, что другие дети злы и жестоки. Когда они обижали меня, я отвечала игнорированием обидчиков, но не умела за себя постоять. Не могла ударить в ответ. Бывали периоды, когда я подвергалась травле, — но это уже было, скорее, в подростковом возрасте. Было несколько мальчишек, особенно один, которые меня за что-то ненавидели и всячески пытались оскорбить и унизить. Я выработала в себе отрешенность, чтобы не чувствовать боли. Иногда глубоко внутри я испытывала мучительный стыд: мне казалось, что обидчики видят во мне то, чего я сама не вижу, и что видит, например, бабушка, и обижают меня именно за это, за то, кто я есть, потому что мне должно быть стыдно за саму себя, за самую свою суть, и если кто-то эту мою суть увидит — его нормальной реакцией будет только смех и издевка. Несколько раз меня травили ребята из старших классов. Когда я была классе в шестом или седьмом, один мальчик из восьмого в течение года называл меня «шваброй». Где бы я ни появлялась, он кричал: «Швабра!» В принципе он был прав: я действительно была похожа на швабру — довольно высокая для своего возраста, тощая и с гривой длинных растрепанных волос. Несмотря на эти эпизоды, в целом мое пребывание в школе было относительно выносимым, я видела, что некоторым приходилось гораздо хуже. Школа для меня была скучной и неприятной рутиной: ранние пробуждения, завтрак, которым давишься и втайне от бабушки прячешь под кровать, совместная с бабушкой дорога до школы в синей мгле, в которой один за другим гаснут фонари, вестибюль, проверка сменной обуви, встреча с подругами, отрешенность, скука.

Время тянулось медленно, оно было похоже на вечность. Учительница математики, мудрая женщина, однажды сказала нам: «Сейчас ваше время идет медленно. А потом оно будет идти быстро-быстро. После института годы защелкали так быстро, что я уже не успевала их считать». Вокруг были тогда в основном одни и те же люди: моя семья, наши родственники Кораблевы, которые жили на одной улице с нами на даче и у которых росла моя подружка-ровесница Наташа — моя троюродная тетка, Цупиковы, которые приходили иногда к нам в гости, тетя Лида — дедушкина сестра, которая тоже иногда приезжала, вначале из Петропавловска, а потом из Новгорода, Богдановы — наши соседи по даче, с которыми мы делили наш общий большой участок. Старики постепенно вымирали, даже на нашем дачном участке медленно менялись поколения. Вначале ушли соседи: Александр Георгиевич, Ия Владимировна, Евгения Давыдовна, потом баба Беба, потом Виктор Исидорович. Летом у нас на даче справляли праздники, чьи-то летние дни рождения: накрывали стол на веранде, пили шампанское, смеялись, говорили тосты и кричали три раза «ура! ура! ура!».

Мой детский Эдем, сама память о нем, люди и вещи, которые ее несли, постепенно исчезали, таяли. Вначале ушли игрушки. Когда мне было шестнадцать, мама с дедушкой втайне от меня вынесли на помойку несколько коробок, в которых были все мои игрушки. Это было невероятно, чудовищно. Там был киса-миша, и Кампа-Зямпа, и зайчик Степашка, и розовая кошка, и все мои куклы, которые в детстве были моими дочерями или образами меня-будущей.

Потом ушел кот. Мы были вместе одиннадцать лет. В шесть лет ему поставили диагноз хроническая почечная недостаточность. Много лет я лечила его, возила на сезонные капельницы, тратила на него все свои карманные деньги и одну литературную премию. Но вот кот совсем отощал и стал все время пить воду из крана. Я повезла его на капельницы, но ему стало еще хуже. На следующее утро после первой капельницы он еле ходил и странно держал голову набок, а когда ложился, странно ее клал и прятал. Он стал все время лежать в раковине и в ванной, перестал пить, есть и ходить в туалет. Мы продолжили капельницы, потому что не продолжать было нельзя, но прогноз был неблагоприятный, УЗИ и анализы показали, что почки практически не работают, нефроны отмирали, отмирали, и ничего не осталось. Потом начались судороги и почти кома, я боролась до последнего, а когда стало понятно, что больше нельзя ничего сделать, хотела, чтобы он умер сам, без эвтаназии. Но он не умирал и мучился, а потом стало понятно, что он вот-вот умрет сам, но перед этим будет агония. Он неровно дышал, и, когда я подошла к нему, у него изо рта пошла темная густая жидкость, и он несколько раз негромко, но мучительно мяукнул. И я его усыпила, чтобы не было агонии, и мне говорили, что я должна была это сделать раньше, но Денис, мой первый муж, сказал, что я была права, потому что котик меня тоже любил и тоже хотел побыть со мной подольше.

Мы похоронили его на следующий день на даче. Освободили от папоротника и высокой травы небольшую площадку недалеко от сарая. Лопата поднимала и отбрасывала влажную холодную землю — вначале темную и мягкую, потом — твердый желтый песок. Было холодно и пасмурно. На гробик из твердого картона упали первые несколько комьев земли и пригоршня мелких цветов дикой октябрьской астры.

И все это — с дедушкой, сыплющим землю в могилу моего кота, стоящим рядом Денисом, дикими невзрачными астрами, запачканными в земле руками, дырявым ватником и крепким чаем на темной сырой веранде, — показалось мне картинкой в книжке, где много картинок, про которые я не сразу поняла, что это картинки и что их много, потому что долго смотрела на одну картинку — моего детства, где все были рядом и все казалось вечным, — и другую, и третью, пока картинки не стали перелистывать все быстрее… и тогда я увидела, что их много, очень много, их число бесконечно, как число точек в отрезке, но есть конец отрезка и последняя картинка, которая отразится в твоем зрачке в тот момент, когда он воспримет последний луч света. И есть грядущие картины потерь, которые непременно будут, и это слишком ясно и неотвратимо, и не оставляет возможности ничего сделать, кроме как смотреть так же, как я смотрела на комья земли, засыпающие моего кота, на кучу вырванного папоротника и блеклые дикие астры. Мне стало легко и странно, как будто я видела прозрачный сон.

Животные несут в себе память о Рае. Мы узнаем в них Рай и вспоминаем, какими мы были до грехопадения. Тогда, до грехопадения, все животные были как их детеныши. И люди тоже были как дети. Сказано: будьте как дети. Животные пали по вине человека, они пошли за ним в падший мир. Если спасется человек, будут спасены и животные, будет спасено все. Однажды мы гуляли с подругой ночью у меня на даче и вышли через лес к Малому Борковскому озеру, там в одном месте на пляже присели отдохнуть и посмотреть на воду и увидели, что по воде к нам что-то быстро приближается. Это была серебристая рыбка, и она выбросилась на берег. Мы не понимали, почему. Попробовали снова аккуратно отправить ее в воду, но она снова выбросилась на берег. Мы решили, что она, наверное, умирает. Потом она так лежала, а мы смотрели, а потом в небе мелькнуло что-то яркое, может быть, пущенный где-то кем-то далеко фейерверк, но это была одна очень яркая искра, а когда мы после снова опустили глаза на рыбку, нам показалось, что у нее потух глаз, но, может быть, это был оптический эффект от того, что мы посмотрели перед тем на этот яркий огонек в небе. Нам обеим показалось, что рыбка умерла, и было грустно, и странно, почему такое самоубийство, и как будто это было послание и она хотела нам что-то сказать. И я представила, что когда-нибудь у какого-нибудь водоема я снова увижу мертвую серебристую рыбку рядом с берегом, я подойду к ней, и она махнет хвостом и уплывет, то есть снова станет живой, и я пойму, что это та же самая рыбка, и Бог простил меня, и мир спасен, и, может быть, от этого дня до того дня, когда я снова встречу рыбку, пройдут многие десятки лет, но для рыбки это будет как минутный сон.

Когда я заканчивала аспирантуру, ушла Бедя. Мама нашла ее, вернувшись с дачи, в ванной, утопленную и сварившуюся в кипятке.

Дедушка дожил до восьмидесяти пяти лет. Мы были очень близки с ним. Я любила наши совместные поездки на дачу осенью, когда мы приезжали только вдвоем, дедушка топил печи, занимался обивкой колодца, разгадывал японские кроссворды. Я ездила на велосипеде к озерам, читала, сидя в беседке. По вечерам, перед закатом, мы вместе выходили погулять — на «Светлану» — часть поселка по другую сторону шоссе, к станции или к ближнему озеру. Потом дедушка звонил по мобильному бабушке и говорил, что мы закрываемся и собираемся спать. На участке росла высокая сныть, чистотел, пожелтели разросшиеся на бывших грядках папоротники. Из земли пробивались молодые осинки, с серыми пушистыми стручками стояли люпины. Бедные яблоками яблони, не окапываемые многие годы, излучали хрупкое осеннее одиночество вместе с кислым вкусом недозрелых плодов. Земля уже была покрыта опадающими листьями. Таджики у соседа непрерывно что-то строили на участке.

Задолго до смерти дедушки мне приснился сон. Я заснула днем, слушая музыку. Во сне мы ехали на дачу с дедушкой. Мы приехали, и я вдруг остро-остро почувствовала, что дедушке семьдесят пять лет. У меня возникло острое, мучительное чувство, что дни такого моего любимого человека не будут длиться вечно, осталось не так много лет, а потом, когда он умрет, я буду вечно тосковать по нему и никогда не перестану его любить: так глубоко, глубоко эта любовь. Я обнимала его, мы ходили по участку, я была так счастлива, что могу еще обнять его — перед тем моментом, когда никогда больше не смогу. А может, это мы встретились где-то в бесконечности, на нашей даче, через много лет после того, как он уже умер, и я прожила уже долгую жизнь без него, и мне его не хватало. И садилось солнце.

Дедушка умер от лимфомы. Он угасал девять месяцев, проходил бессмысленную химиотерапию, сталкивался с конвейером смерти и нечеловеческим отношением в больнице. Он успел отпраздновать свое восьмидесятипятилетие, пригласил на него друзей и родственников, мы в последний раз собрались за общим столом — для него это было важно. Меньше чем через месяц после дня рождения он умер. Он боролся до конца, не мог по-другому. Я была с ним рядом в последний день его жизни, заботилась о нем, вечером ушла, и он сказал мне «Спасибо!» и раскрыл руки для объятий. Я подошла к нему, и мы обнялись, я в последний раз прижалась к его любимой, чуть колючей щеке.

Бабушка ушла через восемь месяцев после дедушки, через два дня после моей свадьбы с Георгием. Она не смогла без дедушки жить. У нее уже много лет медленно развивалась деменция, она очень изменилась, стала слабой, беспомощной, плохо понимала, что происходит вокруг, у нее были галлюцинации, но благодаря дедушке она все-таки держалась и сохраняла то, что возможно. Больно было видеть, во что превратился некогда властный, авторитарный, уверенный в себе человек. После смерти дедушки за ней стало нужно ухаживать, как за маленьким ребенком, заклеивать дверцу холодильника, держать плиту выключенной из розетки. Вначале она просто безутешно горевала, говорила: «Да, может быть, мы жили и не очень весело, но я бы все отдала, чтобы пожить еще так, как мы с ним жили». Постепенно она утратила речь, перестала вставать с постели. Мы с мамой и дядей были рядом, когда она умерла, я рассказала ей про мою свадьбу, и она слушала и как будто понимала, мы мыли ее, шевелили из-за этого, а потом у нее в глазах появилась смерть, и ее не стало.

Пока бабушка и дедушка были живы — с ними жило и мое детство. Сейчас оно живет в моей маме. Пока мама рядом — я все еще почти бессмертна. После смерти дедушки дача выглядит, как разоренный Эдем, в высоких травах которого проползает змий. Дедушка был хозяином земли и всех вещей, они с бабушкой были первыми людьми на дикой, необитаемой еще Земле, но пришло время внукам первых людей хоронить своих стариков.

Однажды мне было дозволено вернуться в Эдем моего детства. Я была в одной компании в загородном коттедже под Зеленогорском и приняла волшебное вещество. Вначале, на рассвете, я увидела, что влажное зеленое пятно на воротах пульсирует, дышит, и это связано с влажностью воздуха, с росой в нем. А над воротами я увидела пар от влажности, он собирался куполами, шатрами. Наверное, час я смотрела на рассветное небо и не могла отвести глаз. Я видела изменяющиеся очертания облаков, переливы, пульсацию неба. Пролетела птичья стая — и это была неземная красота. Я видела мельчайшие явления в атмосфере, маленькие радуги и пробегание искорок. Воздух стоял плотной стеной, и я видела все, что происходит в нем: фигуры, фракталы. Я видела в воздухе передо мной код, типа компьютерного, он постоянно изменялся. Потом я видела твердую поверхность как очень медленную жидкость, видела материю прямо до молекул. Потом я увидела Красоту, цветы. Это было прозрение Красоты, вечной радости, ликования атомов. Это был потерянный Эдем — я в него вернулась. Вначале я смотрела на цветок иван-чая, потом на колокольчики в траве. Стала плакать. Это был совершенно душераздирающий опыт, разбивающий сердце и собирающий его одновременно. Все мы видим мир вот так в детстве, а потом это теряем. Это действительно был потерянный Рай. Все цветы переливались, они были в каплях росы. Я плакала — и чувствовала, что это нормально — видеть мир так, как я его видела тогда. Что человек заслуживает того, чтобы видеть это так всегда. Я ощущала то, что прежде было дано мне только в памяти детства. Мое сознание было кристально ясным. Если бы я хотела — я могла бы писать стихи или говорить о сложных материях. Но я видела вещи как они есть. В этом была вся философия, вся поэзия. Я очень долго сидела на корточках, смотрела на колокольчик и плакала. Я была как Ева в Раю. Я ходила от цветка к цветку (в обычной жизни я бы их даже не заметила): иван-чай в росе, дикий виноград в каплях на ограде, колокольчик, какие-то розовые хворостинки необыкновенной красоты все в переливающихся розово-серебряных каплях, жасмин, белые цветы корзиночками, желтые простые цветы, розовые хищные цветы в крапинках, бело-золотые нежнейшие цветы в каплях, какие-то колоски. В самой простой былинке был бесконечный мир. Я просто видела вещи, которые есть всегда, но мы их не замечаем. Словно впервые после вечности изгнания я прогуливалась по Раю. Я понимала, что в этом Раю есть место всем, кого я люблю, что они все оттуда. Почему человек лишен этой милости? Я была в длинном голубом вечернем платье до пят, и, подобрав его, вся в слезах шарилась по кустам и грязи. Каждому цветку можно было сказать «ты», они перестали быть фоном, перестали быть безличны, анонимны. Не было той разорванности, которую я всегда чувствую. Не было барьера между мной и цветами. Я даже никогда не понимала прежде, насколько сильный барьер между нами и миром есть всегда, а тут его не было, и я поняла, что это такое — без барьера. Хотелось ходить по Раю еще и еще, обойти все цветы до единого, хотя для меня было с непривычки так много Красоты и Жизни, что даже мелькнула мысль остановиться и прекратить прогулку, плюс еще казалось, что теперь, когда я ВИЖУ мир, никто его больше никогда не отнимет, теперь снова всегда будет так, но я понимала, что так не будет, что в Рай я допущена на несколько часов, и эти часы на рассвете — в каплях, в лучах солнца, в туманах, в цветах, — я хотела не отрываться от того, что я видела. Это был один из лучших рассветов в моей жизни, и в действительности — каждый рассвет таков.

Эдем возвращается ко мне детством сына, до рождения которого бабушка и дедушка не дожили совсем чуть-чуть. Теперь его очередь жить в Стране чудес, в которую я словно попадаю снова и одновременно — вижу теперь со стороны, проживая вместе с ним его детство. Я войду в свое детство однажды снова, чтобы умереть в нем. Все умирают детьми, особенно старики. Взрослые люди спешат, торопятся, живут иллюзиями — как будто не понимают, что, что бы они ни делали, — все равно всегда будет вечная ничья. Есть только детство и смерть. Их и надо нести в себе всю жизнь.

В каждом человеке живут двое: первый и второй. Первый рождается и живет в Стране чудес. Он живет в реальности и в глубине. Но постепенно в нем рождается новое образование, живущее в обществе и языке, с которым человек себя отождествляет. Это второй — иллюзорное образование, которое только снится первому, и с тех пор человек живет в грезе. Он забывает Страну чудес. Он начинает жить во сне, который снится первому, но при этом забытая Страна чудес кажется ему сном, который он не может вспомнить. В глубине своих снов он ищет Страну чудес, которая для него всегда в прошлом. Он не может туда вернуться, потому что никогда не имел к ней никакого отношения. Он никогда не жил в Стране чудес, он пытается вспомнить то, чего с ним никогда не было. Он только снится Стране чудес. Это он — сон Страны чудес, а не она — его сон, как он ошибочно думает. Он жил и всегда будет жить в грезе, такова его природа. Он — сон Страны чудес, который пытается вспомнить и обрести ее на дне своего самого глубокого сна. Тот, кто жил в Стране чудес, — и сейчас живет в Стране чудес. Он не изгнан в чужие сны. Он у себя дома.

В человеке живут двое: тот, кто живет в Стране чудес и всегда молчит, и тот, кто себе все присвоил и кому принадлежат слова. Тот, из Страны чудес, никогда не научится говорить на языке второго. Им вообще нечего сказать друг другу. Тот, кто считает себя хозяином, — считает себя единственным, считает другого, первого, своим невспоминаемым воспоминанием, своим прошлым, когда он еще не помнил себя, своим сном, своим бессознательным, дном своей души. Он считает его другим собой. Но тот, первый, живущий в Стране чудес и не умеющий разговаривать, — на самом деле единственный, и это именно ему (и Стране чудес, с которой он неразделим) снится сон. И в этом сне живет ложный хозяин всего, выступающий в обществе, смеющий говорить от лица первого. И этот иллюзорный хозяин слов обречен всегда хотеть вернуться в ту глубину, где он, как ему кажется, жил в Стране чудес. В эту глубину, к тому, первому, живущему в Стране чудес, хотят проникнуть все, кто полюбит этого человека, потому что все любящие — из них двоих любят первого, даже если всю жизнь находятся в отношениях со вторым. Они призывают первого, глядя на второго. Когда человек любит, он как будто погружается на глубину детского сна, где, как ему кажется, обитает первый, но это потому, что на самом деле любит не он, любит первый. Тот, кто говорит о себе «Я», находится в чужом сне. Сне того, кто живет. Он присваивает себе эту любовь, но любят не его, и любит не он. Тот, первый, не умеющий сказать «Я», живет в Стране чудес, а в обществе и взрослом мире пребывает только как во сне, тогда как второй живет в обществе и взрослом мире и ищет Страну чудес в глубине своих снов. Он думает, что она всего лишь его сновидение или ранняя, забытая стадия его становления, когда он еще не был собой. Он думает, что нет ничего важнее, чем быть собой. Он думает, что нет ничего важнее, как говорить о себе «Я» и считать все своим. Редко он может осознать себя как ошибку, как болезнь. Он не причастен Стране чудес, он родился и умрет, образовался и будет разрушен, а тот, кто живет в Стране чудес, — живет вне разделенного времени, в Колыбели Бога.

Содержание

Алла Горбунова

КОНЕЦ СВЕТА, МОЯ ЛЮБОВЬ
Рассказы

Дизайнер *Д. Черногаев*
Редактор *Д. Ларионов*
Корректор *Е. Полукеева*
Верстка *Л. Ланцова*

Налоговая льгота — общероссийский
классификатор продукции ОК-005-93, том 2;
953000 — книги, брошюры

ООО Редакция журнала
«Новое литературное обозрение»
Адрес редакции:
123104, Москва,
Тверской бульвар, 13, стр. 1
Тел./факс: (495) 229-91-03
e-mail: real@nlobooks.ru
Интернет: http://www.nlobooks.ru

Формат 84×108 1/32. Бумага офсетная № 1.
Офсетная печать. Печ. л. 10. Тираж 1000. Зак. № 24К0014.
Отпечатано в АО «ИПК «Чувашия»,
428019, г. Чебоксары, пр. И. Яковлева, 13